空いてる時間にちょっと行くだけ!

近隣客をドカンと集める! 訪問集客のコツ

大須賀 智

同文舘出版

はじめに

訪問集客とは、あなたのお店の近隣の法人・お宅を1件1件訪問し、「うちのお店」の商品を伝えることで集客するものです。

これを聞くと皆さん、「そんな古いやり方は今の時代には合わないよ」とか「費用対効果はあるの?」「そんな難しいこと、うちのスタッフでは無理だよ」とおっしゃいます。

実際のところ、チラシの製作・折込み・ポスティングなどを専門業者に依頼するケースは数多くあっても、自分たちで直接集客しているお店は、まだそう多くはありません。

でも、本当にそれでいいのでしょうか?

あなたのお店が折込チラシやホームページなどの媒体で集客できているなら、それを続けるに越したことはありませんが、現在、折込チラシの反響はどんどん下降線をたどり、これまで効果のあったキャンペーンには、もう頼ることができません。

これまでに私がお手伝いさせていただいたお店では、

- 串カツ店のオープン販促として実施。1日の訪問で、80人の来客
- 近隣法人への訪問集客を開始したマッサージ店。3ヶ月で売上が3倍に

という実績を出しています。

だからといって、訪問集客が難しいわけではありません。

空いた時間に1日10件訪問すれば、10日で100件訪問できます。チラシと名刺さえあれば、簡単にすぐに始めることができます。それでいて、客数・売上がアップする以外にもたくさんのメリットがあるのです。

- 自分で集客をすることで、スタッフがお客様の大切さを理解して、接客姿勢が変わる
- 商圏内のお客様の嗜好を聞くことができて、接客力がどんどん上がる
- 月々の集客数をリアルに予想できるようになって、売上に対する不安が軽減される
- 「何丁目の○○さんがもっとこうして欲しいと言っていた」という具体的なお客様の声（店の改善点）を聞くことができて、早めに手を打つことができる

というような効果をすぐに実感できることでしょう。

本書でお伝えしていく「商品設定」と「伝え方」さえマスターしていただければ、どの販促媒体よりも高い効果を得られるのは確実です。

さあ、今すぐに始めてみませんか？

大須賀　智

２０１２年２月

目次

近隣客をドカンと集める！　訪問集客のコツ

2章 今すぐ始めよう 訪問集客!!

3章 配ってよし! 話してよし! な訪問用チラシを作ろう!!

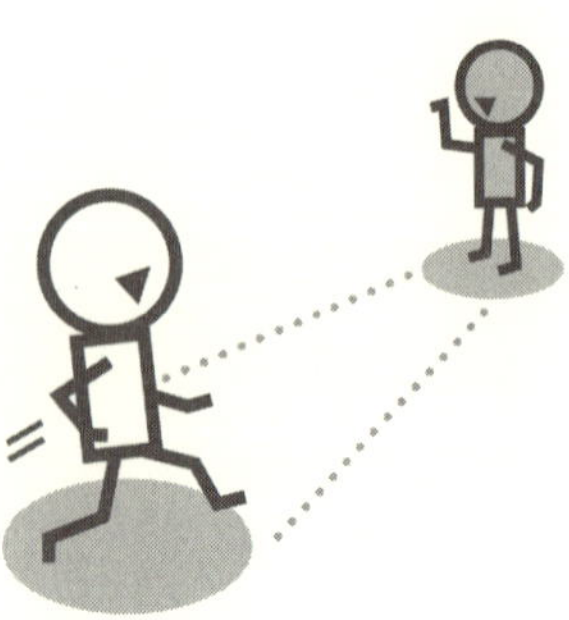

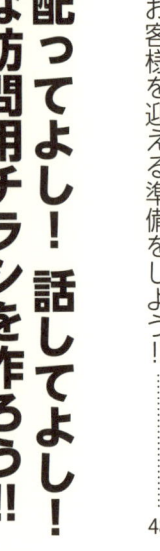

4章 チラシに打ち出す「一品」はこうして選ぼう!!

5章 お客様を引き込む魔法のトークはこれだ!!

6章

とはいっても断られることも……
対処法があれば怖くない!!

7章

店の周りを理解しよう!!

8章

ラクに訪問して反響を取るためのマル秘テクニック!!

9章 さらに効果を高める訪問集客＋αの販促活用法!!

付録

現場の「困った」を解決!! Q&A

カバー・本文デザイン・DTP◎ムーブ(新田由起子、徳永裕美)

1章

訪問集客は
こんなにスゴい!!

1 訪問集客って何？

訪問集客とはどんなものなのか？　ここから具体的にご説明していきましょう。

まずは、店の商品を伝えるためのチラシを作ります（チラシの作り方やポイントについては、後ほどご紹介します）。すでに集客用のチラシがあるなら、まずはそのチラシを使っても構いません。そのチラシを持って近隣法人を1件1件挨拶して回ります。その際に必ず、あなたのお店のメニューを伝えます。そしてできるだけお客様と会話をして、来店していただけるように勧めます。

会話のポイントは、30秒から長くても5分程度に話を収めること。できるだけ短い時間でお客様と会話をし、話をした方にお店に来てもらうことです。

対象は、会社の事務所・病院・商店をはじめとする法人関係や個人宅で、来店できる距離にあるところを訪問します。直接伺って来店前につながりを作ることで、地域の他の店より飛び抜けて来店しやすい状況を作り出します。

私は仕事柄、30社以上の企業の訪問集客を代行しました。訪問件数で言うと4年間で約

8万件です。リフォーム会社、英会話、防犯カメラ、喫茶店などさまざまな業種の商品を売り込んだ結果、もっとも効果があったのが飲食店でした。

「飲食店が営業するなんておかしい」と思う方もいるかもしれませんが、その考え方こそ盲点なのです。成功のポイントは、「飲食店ではまだ、どのお店もほとんどやっていない」という点にあります。普通の業界では当たり前の「営業」という考え方が、飲食業界では非常に珍しいことなのです。ですから、お客様は驚いて話を聞いてくれます。だから思っているほど断られることが少なく、誰でも簡単に結果を出すことができるのです。

とはいっても、飲食業界でも徐々に「訪問集客」が始まりつつあり、これから競合が激しくなってくる可能性はあります。たとえそうなった場合でも、わたしのお伝えする「訪問集客」は、自店の強みで実施者自身が集客できる方法ですから、いつまでもお客様を呼び込むことのできる手法だと言えます。

2 知られていないお店はチャンス!!

私が訪問集客をしたケースでは、初回訪問時、8割以上の方がお店の存在を知りませんでした。10年以上店を構えていても、「徒歩10分圏内の方に伝わっていない」というのが現実です。

でも実は、これこそがチャンスです。お客様は「知っていても来ない」わけではなく、単に「知らないから来ない」のです。当たり前のことですが、お店に問題があるのではなく、伝え方に問題があるのです。

たとえば、目の前にテナントが20社入った大きなビルがあるとします。営業20人に事務の女性が5人働いていたとすると、1社あたり25人。そんな事務所が20社入っているなら、目の前に来店頻度の高い常連客候補が500人もいることになるのです。

でもお店は地下一階で目立たない。もしくは路地裏にあって目立たないという状況なら……?　500人のうち10%が来てくれたら、50人の来店になります。

目の前にお客様はいるのに知られていないという状況から一気に認知度が上がるわけで

すから、効果が出ないほうが不思議ですよね。

訪問集客の最大の特徴は、商圏の近隣客、すなわち来店確率の高いお客様に直接お店をお伝えできるということに尽きます。

来店確率の高いお客様は近隣に山ほどいるわけですから、わざわざ高い費用をかけて折込チラシを作ったり、フリーペーパーに広告を打つよりも、直接、届けるのが一番効果的です。もちろん来店率に格段の差が出ます。

目の前のお客様一人ひとりにお知らせしていけば、来店客数は必ず目に見えて上がります。

なぜなら、誰でも、「知らないお店」よりも「知っているお店」に行くからです。さらに「知らない人がいるお店」よりも「知っている人がいるお店」に行くというのは常識です。ですから、まずは知ってもらうことが最優先です。

それには、手をこまねいて待っているだけではいけません。訪問集客とは、あなたのお店の目の前にいるお客様に来店してもらうための、一番確かな集客法なのです。

3 驚きの費用対効果!!

販売促進のための手法はさまざまありますが、飲食店でよく使われるのが次の3つです。

①フリーペーパー　主に広告収入を元に定期的に制作され、無料で特定の読者層に配布される冊子。クーポン誌のホットペッパーが有名。

②ホームページ　インターネット上にお店の案内を詳しく掲載し、伝えることができる。飲食店では「ぐるなび」が有名。

③折込チラシ　新聞に折り込んで配布されるチラシ。

どれも新規集客の定番手法で、地域によっては高い効果を生み出すことができますが、どの販促と比較しても「訪問集客」は費用対効果がダントツで高い販促です。

特に、反響率が10%を超えるだけでなく、リピートにもつながりやすいのが特長です。

費用対効果表

	コスト	反響率	1日の件数	メリット	デメリット
訪問集客	2,000円 チラシ印刷 1部10円程度	10%	200件 8時間程度	・チラシをその場で見てもらえる ・その場で予約をもらえる ・反響の出どころがわかる その他 ・接客力UP ・販促力UP ・リピートUP	1時間で25件程度の訪問が限界
ポスティング	10,000円 チラシ印刷 1部10円程度	0.1%	1000件 程度 8時間程度	低コストで多数のチラシを配布できる	他のチラシに埋もれ、捨てられてしまう
折込チラシ	45,000円 1部15円程度 3000件	0.1%	3000件 以上	一気に大量配布できる	他のチラシに埋もれ、捨てられてしまう
ホームページ	3万～ 20万円	–	店舗別ページビュー数による	全国の方が見てくれる	まず見てもらうということが難しい
フリーペーパー	10万円程度	–	平均11万部 程度	他店との比較で来てくれる	割引き額を大きくしないと反響が悪い

4 スタッフの接客力が上がる!!

訪問集客が他の販促とまったく違う点は、お客様に直接会って話せるということにあります。これは、私がさまざまな会社でお手伝いした経験上、非常に大切な点です。

滋賀県にある韓国料理店の店長が自ら近隣法人をすべて回った時には「こんなにうちの店を知らない方が多いとは思わなかった。でも、近隣を訪問することで、よくお越しいただいているお客様にお会いして喜んでもらえたり、同じ高校出身の方に出会うことができたりと、周りにはいろいろな接点があるとわかって、世界が変わりました」と仰っていました。その韓国料理店は、訪問した10件のうち一件以上の来店がありました。店長は「お客様は自分の力で連れてくることができる」と大きな自信を手に入れたようで、近隣法人の方はほぼ顔見知りという状況を作り上げることができました。

さらに「自分自身でお店に呼んだ方が来てくれるのがうれしくて、もっと喜んでもらおうと考えるようになった」と言います。この方は、自分自身でトッピングした特製のデザートをつけるなどして、自分が呼んできたお客様をお店のファンにしてしまっています。

ポイントは、自分自身がお客様と向き合うことを学べることです。

店長なら誰でも「お客様に来てほしい」と思っているでしょうが、自分が訪問したなら、その思いを「伝え」なければなりません。ただ何となく思っているのではなく、目の前のお客様に対して向き合わざるを得ない状況を与えてくれます。結果的に、来店するお客様に個別に対応する技術が磨かれ、喜んでもらうことの醍醐味を実感することになります。

そんな訪問集客を、店長ではなく、スタッフにやってもらったら……？　お客様の気持ちを考えることのできるスタッフを育てることができるのは、当然ですね。

一方、これから社会に出ていくアルバイトスタッフにとっても、大きな財産を得ることができます。

ある学生アルバイトの方は、就職活動の面接で訪問集客の経験を人事担当者に話し、驚かれたと語っています。

新入社員で訪問集客を経験した方は、これから会社でも初対面の方と一緒に仕事をしなければならないけれど、訪問集客をしたおかげで、第一印象に自信が持てるようになったと語ってくれます。

集客活動をしながら人材育成ができる、最高の販促ではないでしょうか？

5 お客様は迷惑じゃない？

訪問集客がなぜ高反響なのか？　訪問されるお客様の立場になって考えてみましょう。
ある会社の女性の会話が聞こえてきます。

女性A「こないだのプロジェクトが成功したから課長が大喜びみたいですよ？　打ち上げのお店、決まってませんよね？　来週の金曜日にするみたいですけど」
女性B「そういえば前回のとき、ギリギリになってお店に電話したらどこもいっぱいで大変だったわよ。20人以上だからネットで探したけど、店が多すぎて選ぶのも大変だったし……。どうしよう。だれかいい店知らないかな？」

というのは、決して珍しい状況ではありません。そこに居酒屋の店長が訪問します。

店長「こんにちは！　目の前のビルの地下にあります居酒屋で、ご挨拶にチラシ持ってきたのでまた使ってくださいね！」
女性B「ちょうどいいとこに来たわね。どんなお店？」
店長「では、このチラシ見てくださいよ……」

と、こんな具合に話が進むことがあります。すべてがこうなるわけではありませんが、口に出さないだけで飲食店を探している方は少なくありません。お客様からすれば

・おいしい料理が食べられる？　損したなんて思わない？
・店が多すぎてどこを選べばいいかわからない。探すのに一苦労
・個室はある？　人数はどのくらいまで入る？
・値段はどのくらいかかる？　飲み放題の時間はどのくらい？
・店のスタッフの対応は悪くない？　雰囲気が台なしにならない？
・予約せずに行ったら店がいっぱいだったなんてことはない？

などさまざまな不安を抱えています。そのお客様の不安を、訪問集客では解決できるのです。お客様のメリットは

・自信を持って「マグロがおいしいので一度食べてみてください！」と言ってくれて安心
・すぐに席の情報を教えてくれて、金曜日はまだ空いていますと教えてくれる
・わざわざ挨拶に来るぐらいだから、失礼な対応をされることはないだろう
・場所も丁寧に教えてくれて、迷うことはないだろう
・わざわざ予約の電話をする手間が省けてよかった

と「訪問してよかった」と思ってくれるお客様も多いのです。

6 訪問するとお客様はあったかい!!

今まさにこれから訪問しようという現場の店長・スタッフのなかには、お客様からの反応がわからないため不安で、はじめの一歩が踏み出せないとおっしゃる方もいらっしゃいます。断られるんじゃないか、話を聞いてくれないんじゃないかと心配しているのです。ですが、それはまったくの思い込みに過ぎません。実践された方は、「お客さんは意外にあったかいんですね」と口を揃えて言います。

私が8万件以上を訪問した経験から、お客様の傾向は次のように分けられると言えます。

①5割　食べたり飲んだりするのが好き

例▼「食べるのは好きですよ。結構近くでいろいろお店を探しています」

②3割　積極的ではないが、たまには行く

例▼「あまり行くことはありませんが、会社のみんなで行くことはあります」

③1割　外食に興味がない

例▼「すぐに家に帰りますね。お酒も飲まないし、ほとんど行きません」

お客様の反応は？

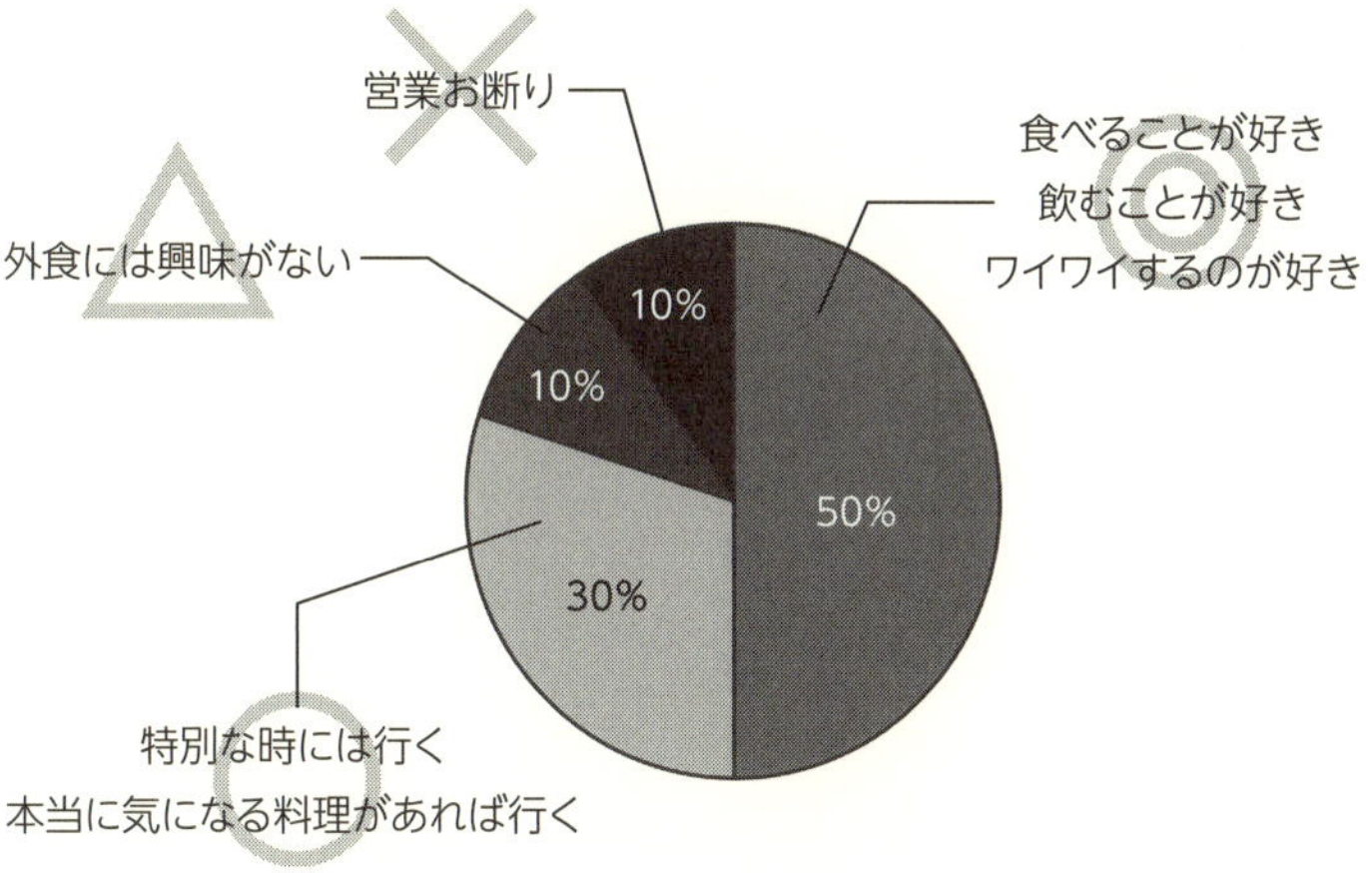

④1割　営業お断り

例▼「結構です。断るように言われています」

つまり、すぐに断られるのは全体の1割程度です。

逆に言えば、来店の見込みのある方が8割以上を占めているので、伝え方さえ間違えなければ、断られることはほとんどないのです。

実はすごくハードルの低い集客法ということが、もうおわかりいただけたでしょうか。

7 リピート率が上がる!!

通常の飲食店の場合、1回目の来店人数を100人とするなら、2回目の来店人数は20人というデータがあります。約2割しか再来店しないのです。

ただし、2回目の来店人数を100人とすると、3回目の来店人数は80人となって、8割のお客様が再来店する。さらに、3回目の来店人数を100人とするなら、4回目の来店は90人と、9割にも上ります。

一方、訪問集客で来店されたお客さまの場合、4割ほどのリピート率はざらにあります。ある飲食店で、徒歩3分圏内のお客様の来店率を調べた結果、訪問した企業全体のうち、来店してくださったのが8割程度で、2回目の来店がある会社は4割程度でした。つまり、一度来店してくれた方のリピート率が5割にも上るということです。

飲食店のリピート率が2割に過ぎないことと比べて、異常なほど高い数字にも思えますが、実際には簡単な話です。

通常の飲食店で2回目から3回目の来店率が8割あるということは、1回目から2回目

飲食店の通常来店と訪問集客のリピート率の比較

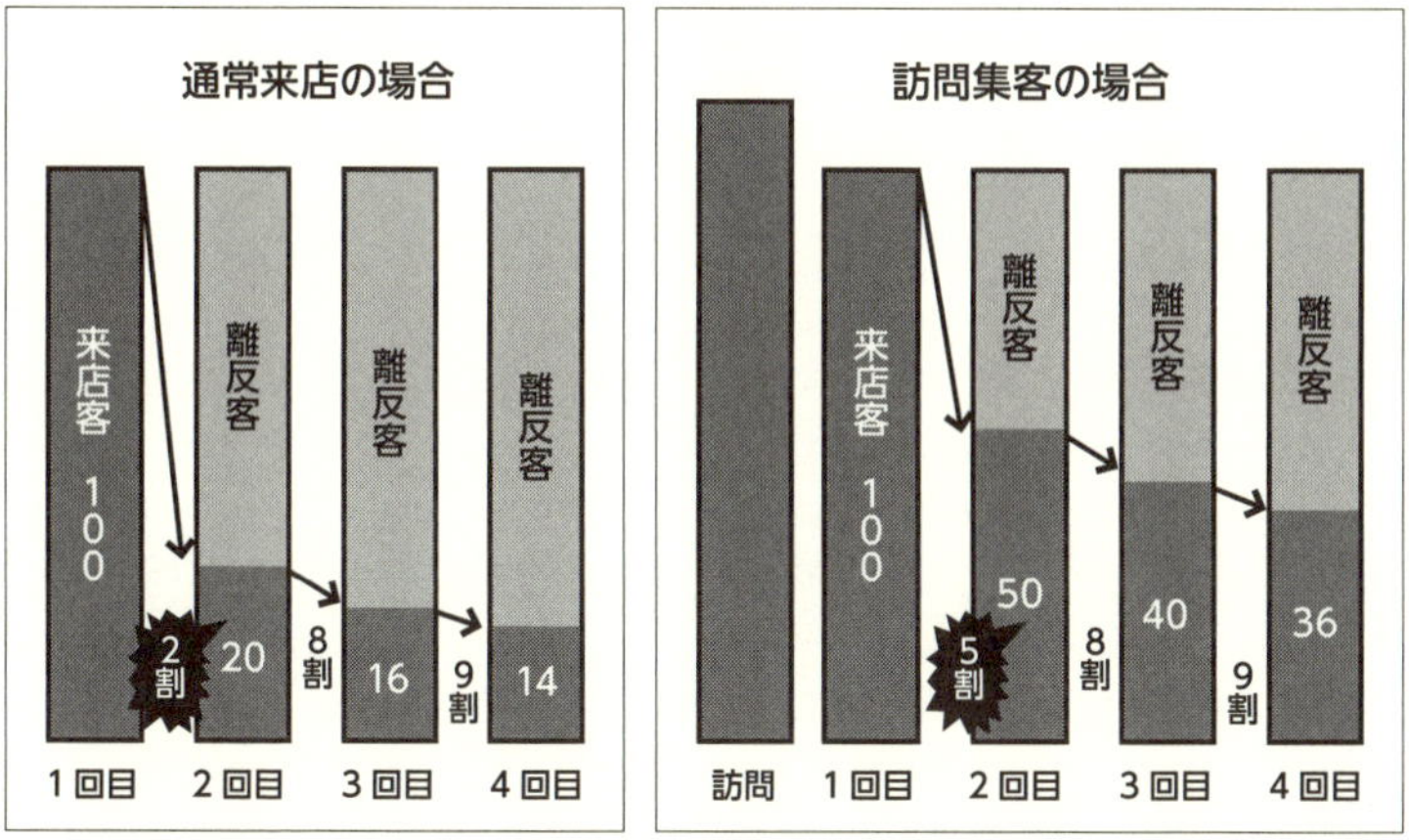

※訪問集客の3回目、4回目の来店率は、通常来店の「8割・9割」をもとに算出したもの

の来店につなげることができれば、リピートは必然的に高まるといえるのです。

訪問集客をすれば、この数字をすぐにコントロールすることができます。

というのも、来店前に一度訪問しているのですから、初来店の時点でお店のスタッフと顔を合わせるのは2回目になります。これによって、お客様は「2回目の来店であるかのような感覚」を覚えるのです。そして、実際の2回目の来店率が大幅に上がります。

もうひとつ、再来店率が下がる理由についても触れておきましょう。一度来店したお客様の2回目来店率が2割と少なくなってしまう理由の大半を占めるのが、「忘れている」ということです。「店の料理がおいしくなかった」「接客が悪かった」も理由に上がるかもしれませんが、最低限の売上のあるお店の場合、商品やサービスに問題があるのではなく、ただ単純に「忘れている」だけなのです。ですから、再び訪問して思い出してもらえさえすれば、2回目の来店率が5割近くになるというわけです。

2章

今すぐ始めよう
訪問集客!!

1 チラシに伝えたいことを詰め込もう!!

さあ、訪問集客を始めるぞ！　と思っても、体ひとつでお客様のところに伺ったのでは、印象に残りません。

では、印象に残るためにはどうすればいいでしょうか？

基本的なことから整理していきましょう。

①メニュー

飲食店は、料理を出してお金をもらうわけですから、何が食べられるのか？　どうおいしいのか？　いくらするのか？　がわからないと、まず来てもらえません。

商品名・価格・素材のこだわり・調理のこだわりをしっかりと記載して、魅力的に訴求します。

②わかりやすい地図・住所

どこにあるのかがわからなければ、お店にたどり着くことができません。当たり前のことですが、必ず入れてください。

地図がわかりにくい場合、お店の近くにあるいちばん有名な建物を記入し、「○○の隣」や「○○から北へ5分」など、確実に伝わる文言を入れましょう。お店の外観の写真を入れると、よりわかりやすく感じます。

③電話番号をなるべく大きく太い文字で記載

できる限り予約の電話がかけやすいように工夫しましょう。

「ご宴会はこちらまで」「お電話での受付は13時〜承ります」など、電話をかけることに対するストレスをなくすように但し書を入れましょう。

④営業時間・定休日など店舗案内

いつから開いているか？　定休日はあるか？　駐車場はあるのか？　など、お客様はお店のことをまったく知りません。できる限りわかりやすく記入しましょう。

この4つは、飲食店として必ず必要な情報です。必ず抜けがないかをチェックしましょう。

さらに訴求するために、次の2点も意識してください。

⑤キャッチコピーを決める

飲食店は、おいしさが命です。高いお店でも安いお店でも価格なりのおいしさが必ず存在します。そうでなければ、お客様がすでにまったくいなくなっているはずです。

「ジュワッッと染み出る和牛の肉汁がうまい‼」と和牛を使った串カツの食感を擬音で表現したり、自慢の逸品があるのなら「つべこべ言わず食ってみろ‼」と挑発的な言い回しを使ったりと、工夫して伝えてください。

インパクトのある商品名なら、商品名自体をキャッチコピーにしても効果的です。

⑥お土産・クーポンをつける

訪問する理由や相手にメリットがないと会話をするのは難しいので、サービスチケットをつけましょう。チケットを持ってきていただくことで、自分が訪問した方がどれだけ来てくれたのか、効果を測定することもできます。

最低限のポイントのみの説明ですので、後ほど詳しく紹介します。

関西で 14 店舗を展開する均一居酒屋のチラシ。お客様からは「手作りメニューが多いのに安くておいしい！」と評判です。オープン当初から訪問集客で販促しています。

2 相手を虜にするトークの流れ!!

お客様は忙しいわけですから、訪問の理由をわかりやすく伝えないと断られる可能性があります。

私は、さまざまな飲食店の店長に、訪問集客の指導を数多くさせていただいています。その中で、断られている店長の姿を多く目にしてきました。「なぜ断られるのか？」を考えた結果、「断られるのは、何かを奪う人」ということがはっきりとわかりました。

ドアに「営業お断り」の貼り紙を貼っている会社もあります。この貼り紙を見て、やめておこうと思う方も多いのですが、実際に断られることはあまりありません。

なぜでしょうか？　まず「お客さんが断っているのはどんな営業か？」と考えると、「しつこい営業で業務に支障をきたすのが困る」とか「その場で売り込まれて買わないといけない」といった理由です。「時間」や「お金」を奪われることが嫌なのであって、そういう印象を与えなければ断られることは少なくなります。

何かを奪われるような印象を与える営業をしなければ、断られる可能性は以前に書いた通り1割もなくなるでしょう。

まずは大まかにトークの流れを把握しましょう。

①誰が何をしに来たのかを10秒以内で伝える

ドアをノックし、「すぐそこの居酒屋ですが、サービスチケットをお持ちしたので使っていただければと思って伺いました」

②すぐにチラシを渡して質問

「ご存じでしたか？」と質問する。

③知らなければ場所の説明　※ここではほとんどが知らない方と仮定します

「○○駅から南に下ったところにあるのですが、こちらのほうは行く機会はありませんか？」と質問で終わる。

④ヒアリングからメニューの説明

「うちは串カツの専門店で、サーロイン串が名物なんですが、串カツはお好きですか？」

⑤「好き」か「嫌い」か「どちらでもない」の返答に対してメニューの訴求

「好き」「どちらでもない」ならそのまま。

「実は、和牛を使っていますので、衣からジュワッと肉汁が出る食感がほんとにおいしいんですよ！」と食感などのおいしさを交えながら伝えます。

⑥クーポンで「あなただけに」のお得感を伝える

「今回は、近隣企業様だけに一度お試しいただければと思い、ワンドリンクのクーポンをつけているので、サーロイン串だけでも一度食べてくださいよ‼」

⑦確認を取る

「どうです？　実際食べに来てもらえます？」と質問し、どの程度伝わっているか確認。自分がどのくらいうまく伝えられたかを聞きます。

⑧礼儀正しく挨拶をしながら最後に商品名を伝え、余韻を残す

「忙しいところいきなり来て失礼しました。待ってますから、サーロイン串だけでも食べに寄ってください。では失礼しました」

大まかにはこのような流れを踏みます。

もっとも重要なのは、①と②のチラシを渡すまでです。

①では、10秒程度で自分が何をしにここに来たのかを伝え、相手に安心感を与えましょう。「飲食店がおいしい自分のお店の商品を紹介しに来た」ということが伝われば、断る

笑顔で用件を伝え、すぐにチラシを渡しましょう。

方はほとんどいません。②ではチラシを早く手渡すことで、「これを配りにきたのか」と思ってもらい「長引かない印象」を与えます。

断られるパターンで一番多いのが、チラシを渡さずに、持ったまま話をすることです。話を長引かせようとしている印象を与えてしまうので、チラシを渡して「いったん売り込みは終わりました」と思ってもらいましょう。

そこからすかさず質問し、話を組み立てていけば、悪い印象を持たれることなく、好印象を与えながら相手を虜にすることができるのです。組み立て方の細かな対応の仕方は後ほど説明します。

3 訪問の地域を決めよう!!

まずは自分のお店を中心に、徒歩10分圏内を区画ごとに優先順位をつけて回ります。

①お店のある区画
②最寄駅までお店の前を通って帰る区画
③自店から駅までの区画
④その他の来店の可能性がある区画

という順序で広げていきます。

自店のことを知っている可能性が高い区画から回って自信をつけて、それから認知度の低い区画に行くことで、トークの内容がまとまり訪問しやすくなります。

はじめは自分のお店が入っているビルや、周りの道路の並びにある美容室やケータイショップ、不動産屋さんなどの店舗をメインに、挨拶に行くようなイメージで取り組んでみましょう。以前回った地域がわかるように塗りつぶし、後で見返したときに思い出せるように反応のよかったところはメモをとり、定期的に訪問できるようにしましょう。

訪問地図データ

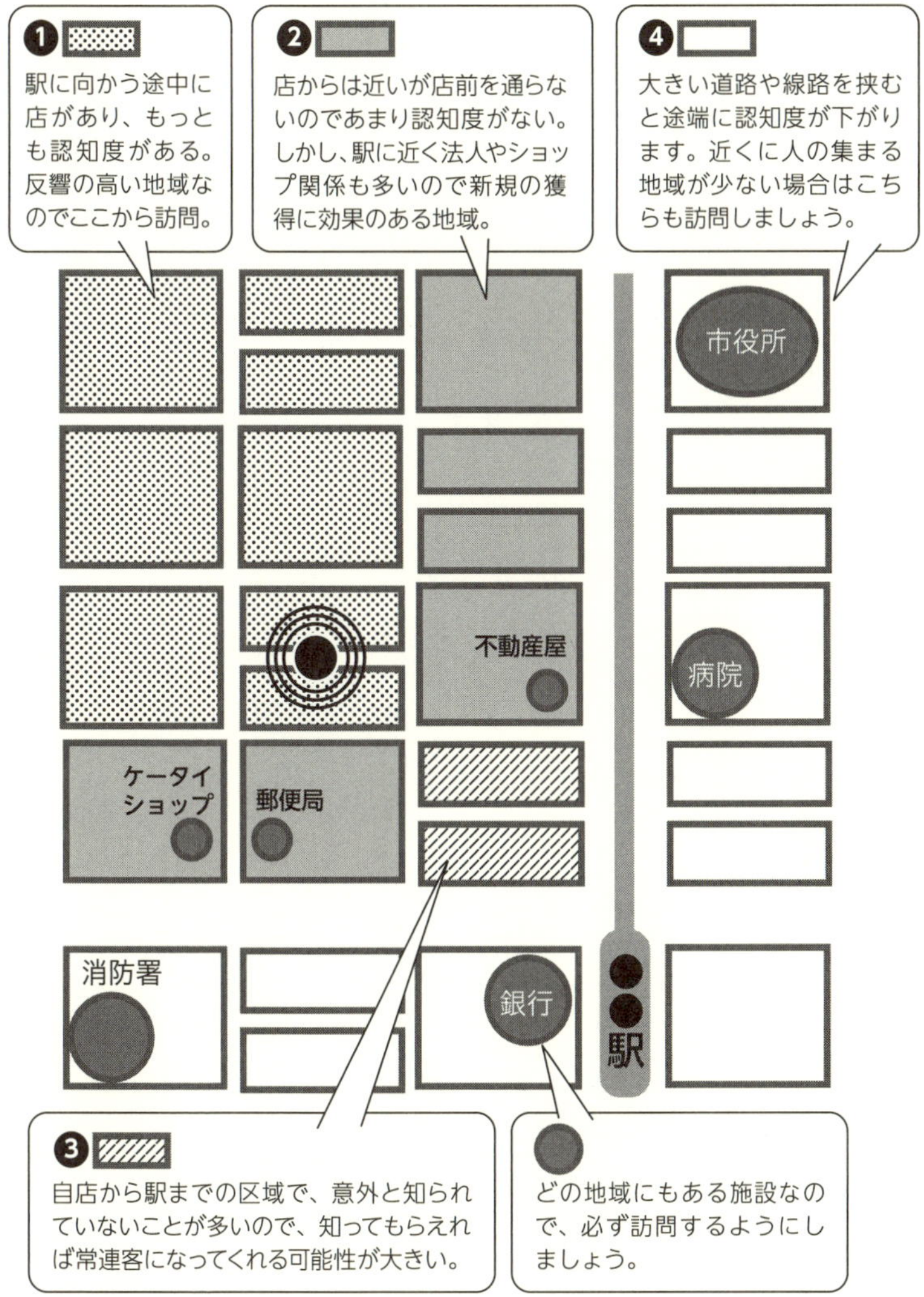
❶
駅に向かう途中に店があり、もっとも認知度がある。反響の高い地域なのでここから訪問。
❷
店からは近いが店前を通らないのであまり認知度がない。しかし、駅に近く法人やショップ関係も多いので新規の獲得に効果のある地域。
❹
大きい道路や線路を挟むと途端に認知度が下がります。近くに人の集まる地域が少ない場合はこちらも訪問しましょう。
市役所
不動産屋
病院
ケータイショップ
郵便局
消防署
銀行
駅
❸
自店から駅までの区域で、意外と知られていないことが多いので、知ってもらえれば常連客になってくれる可能性が大きい。

どの地域にもある施設なので、必ず訪問するようにしましょう。

4 どんな服装で行く？

「訪問時はスーツでビシッと決めていかないと、失礼に当たるのでは？」とお考えの方が多いのですが、そうとは限りません。清潔感があって好印象を与える服装ならなんでもいいのですが、お店のユニフォームで回ると、宣伝にもなり効果的です。

お店の特徴をプリントしたポロシャツなどで訪問すれば、セールスマンと間違われることなくひと目で飲食店だと伝わり、会話がしやすくなります。

まさに歩く看板となって集客効果も高まります。

「うちにはユニフォームがない」という方は、カジュアルな格好でも、スーツでもかまいません。私服に前掛けやサロンをまいて訪問すれば、飲食店の人だとすぐにわかりますので、ユニフォームに近い効果があります。ただし、有名企業や大きい会社が多くビルが立ち並んでいる地域だと、警備員さんに止められてしまうケースがありますので、スーツでご挨拶に伺うほうがスムーズに訪問できます。

いずれにしても、ＴＰＯに合う格好を選びましょう。

ビールが安くて産地直送の魚がおいしい、京阪神を中心に店舗展開している産地直送居酒屋。ユニフォームには、安さの象徴「アサヒスーパードライ 199 円」の文字がプリントされています。これを着て歩いていると、サラリーマンが「このビールが安いお店はどこにあるのか？」とついてきてくれます。訪問集客時もこのユニフォームで訪問しています。

5 訪問の記録を取ろう!!

計画的に訪問するために、訪問先と結果をチェックシートに記入しておきましょう。記録する内容と理由は次の通りです。

①社名と所在地　訪問先が重複しないため、来店時に確認するため

②お会いした方の名前や性別・年代　再訪問の時に反応を予測できて、緊張が和らぐ

③店が知られているか?　どのくらいの方にお店が知られているのかがわかると、対策が打てる

④来店したことはあるか?　お店の存在を知っているのに来店回数が少ないなら、集客する商品が伝わっていないとわかる

⑤何度利用してくださっているのか?　「来店回数1回のみ」という方が多い場合、メニュー・接客に改善の余地ありと考えられ、見直すきっかけになる

⑥会社関係の飲み会や歓送迎会・忘年会・新年会の有無　訪問先の会社で大まかに時期が決まっているなら、今後の訪問のタイミングを決めやすい。また、反響にもつながりやす

訪問集客チェックシート

	地域	担当者	日付：	No：

	住所	氏名	面談者	反応は？	宴会は？	ヒアリング
1				A・B・C・D		
2				A・B・C・D		
3				A・B・C・D		
4				A・B・C・D		
5				A・B・C・D		
6				A・B・C・D		
7				A・B・C・D		
8				A・B・C・D		
9				A・B・C・D		
10				A・B・C・D		

※店の反応について・・・ A（自店を知らない）、B（自店を知っている）、C（来店した）、D（2回以上来店した）

い

⑦話した内容や感想　嗜好を聞いておけば、来店時に満足度の高い接客をすることができる。次回訪問時の話のきっかけを作ることができる

以上の７つは押さえておきたいポイントです。

上のチェックシートのフォーマットを使って、効果的に訪問してください。

6 訪問スケジュールを立てよう!!

飲食店で働いている方は、シフトの管理や売上の整理、従業員との細かなつき合いなどがあって、訪問集客のための時間を作るのが困難な状況だと思います。やってみて結果は出たものの、なかなか続けられないというのではもったいないので、継続しやすいスケジュールを立てましょう。

①訪問は週2回程度

間を空けすぎると訪問時の技術が上がらないため、週2回以上を目安に組んでください。

②1時間あたりの訪問件数

ビジネス街なら20社程度、ロードサイド店では10社程度が訪問の目安です。月でいえば、ビジネス街なら160件程度、ロードサイド店なら80件以上を目標にしてください。

③訪問の時間帯

基本的に会社の営業時間、朝10時から夕方18時までを目安に考えてください。時間帯による効果の違いはさほどありませんが、あえて言うなら、14時~17時の間が比較的受け入れてもらいやすい時間です。

午前中は営業していないショップや会社があり、ランチタイムは受付の方が皆さん出払ってしまう場合もあります。夕方は17時30分に終わる会社もあるので、この時間帯は抑えておきましょう。

反対に、市役所などでは、許可をもらえば12時〜13時の間だけ各部署に訪問できる場合があります。

④訪問の頻度

一度訪問した会社を再訪問するまでに、どのくらい空けたほうがいいのか？　という質問をよくいただきます。基準となるのは、「忘れられない」期間です。最低でも月1回程度と考えてください。

地域によっては、見込みのある会社が1000件以上存在するところもあるでしょうが、優先順位の高い地域を重点的に訪問してください。

よく「迷惑がられないか？」と質問を受けますが、ほとんどの場合「同じ方に会わない」か、「覚えていない」だけです。

スケジュールの例

エリア：担当者	月	火	水	木	金	土	日	件数
	10/25	10/26	10/27	10/28	10/29	10/30	10/31	
A：店長・大須賀	37							37
B：入佐・ユウスケ								
C：大須賀・サヨ	92							92
D：井岡・萩原	31							
	11/1	11/2	11/3	11/4	11/5	11/6	11/7	
A：								
B：								
C：								
D：								
	11/15	11/16	11/17	11/18	11/19	11/20	11/21	
A：								
B：								
C：								
D：								
	11/29	11/30	12/1	12/2	12/3	12/4	12/5	
A：								
B：								
C：								
D：								
	12/6	12/7	12/8	12/9	12/10	12/11	12/12	
A：								
B：								
C：								
D：								
合計								

エリア分けの例

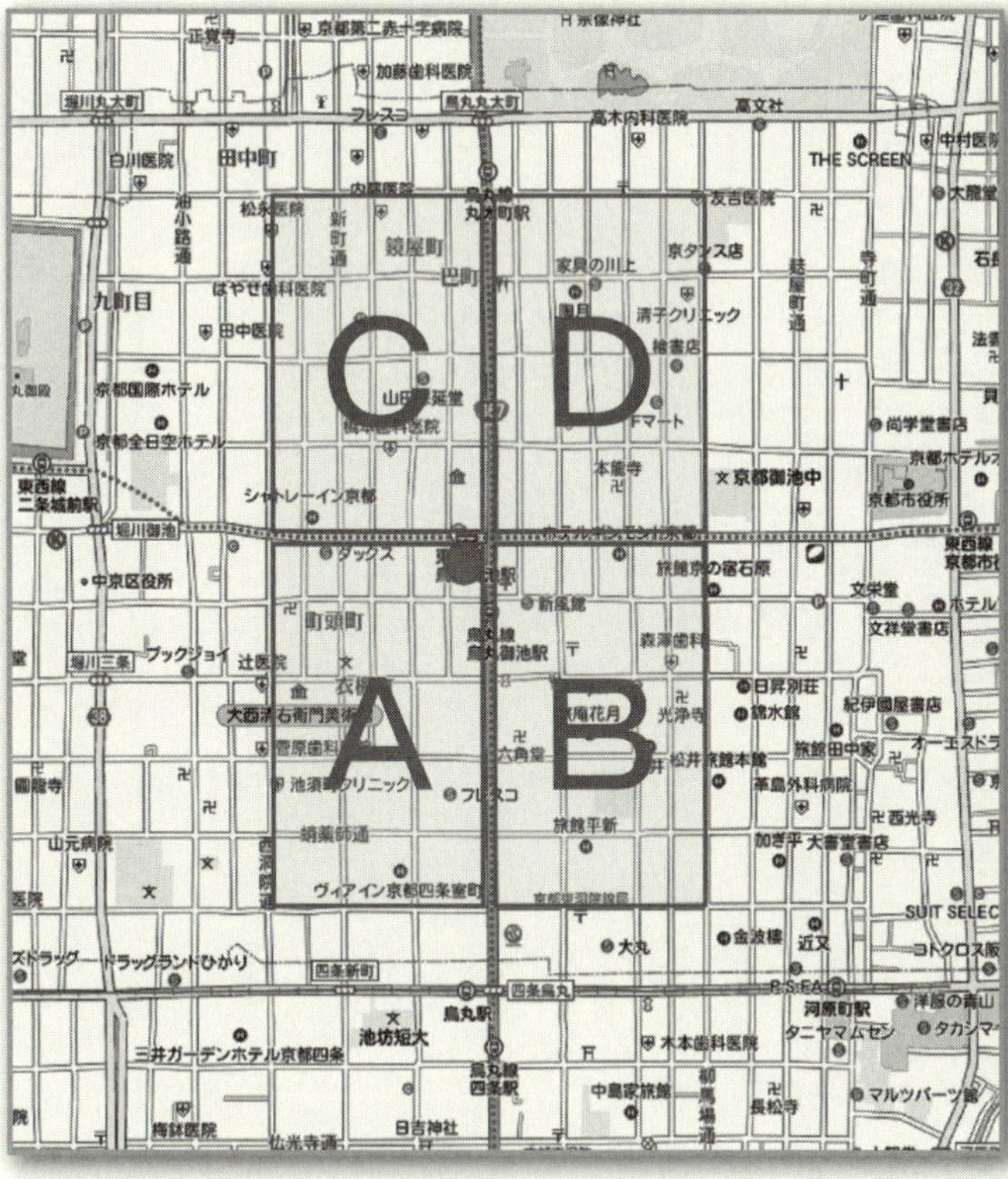

目標 1,000件訪問

▶ 1日20件／h　×週2回×5週間＝200件／1人

▶ 200件×6人＝1,200件

1,000件×受注率2％＝20件

20件×@3,298×組平均人数8人＝50万円

7 団体客を狙いに行こう!!

宴会の予約をいただくトークを覚えれば、お客様を一気に集めることができます。

◉宴会があるかどうかを聞く

「忘年会は決まってますか?」と質問し、「決まっていない」もしくは「考えているところ」と返ってきたら、「前回はどこでされたんですか?」と前回の宴会について尋ねます。「鍋のコースだった」なら、「満足しました?」。「よかったよ」と言われたら「今回は、うちの○○のコースはいかがですか?」と、前回の宴会をイメージしてもらいながらお話しすることで、具体的な会話をすることができます。話の中で「ちょっと料理が少なかったかな?」と前回への不満が出れば、「このコースなら確実ですよ!」と勧めやすくなります。お客様の不安を具体的に解決できるので、予約の確率が上がります。

◉確約を要求せず、仮予約を取ること

お客様が宴会の話に乗ってきたら、日時を絞り込んでいきます。

「毎年、週末ですか?」と聞いて「そうだね」と進んだら、「時期は12月頭ですか?」と質問します。「いや末のほうだと思う」などと返答が返ってきたら、「じゃあ3週目の○日か4週目の○日ですよね？」と、どんどん日程を絞り込みます。その日程が週末にあたるなら、「もうすでに予約が入ってきているので、仮でいいので日にちだけでも押さえておきますよ。今のところまだ○日は空いているので、別のところでするなら今週中に皆さんと相談してもらって連絡くれれば大丈夫ですから！」と仮予約を取りましょう。一度、予約を入れると、断りづらいものです。

ポイントは、こちらがリードして日時案を出して、できる限り具体的に絞り込んでいくことです。席割や料理内容に不安がなければ、来店してもらえる確率は高まります。

◉名刺を渡し、自分宛に連絡してもらう

「私宛に連絡いただければ、スムーズに対応できますので」と伝えることで、電話しやすくします。私自身、11月に訪問集客をして、50件で名刺を渡しただけで、10件以上の電話がかかってきたことがあります。さらに効果を上げるには、「私宛に連絡いただければ、料理内容をできるだけいいものにするように板長に言えますので……」と融通が利くように伝えましょう。「この人に連絡をすると得」と思ってもらえて、反響が上がるのです。

8 お客様を迎える準備をしよう!!

さて、予約をしてくださったお客様が、実際に来店されました。そのときに、どのようなフォローが必要でしょうか？

◉常連のお客様がご来店したようにふるまう

訪問集客した結果、ご来店になったお客様は、一度お店のスタッフと顔を合わせていますので、2回目の来店のように感じます。「お待ちしておりました」「来ていただいてうれしいです」など、来店してくださったことへの感動を隠さずアピールしてください。

お客様は、スタッフをすでに知っているお店に来ているわけですから、何度も通う前に常連に近い感覚になっているのです。

これが、他の販促手法に比べて訪問集客が優位な点です。初回来店のお客様が常連感覚を持ってくださることで、リピートや紹介の確率が自然と高まるのです。

◉訪問者もしくは店長が必ず挨拶に行く

「今日はありがとうございます。お味はいかがですか？」と声をかけに行きましょう。

この時に満足度が高ければ、会社の宴会で継続的に使っていただける可能性が高くなります。「会社で忘年会などされていますか?」と質問して、その場で予約を取っていきましょう。こちらも一度会社を訪問しているわけですから、話を振りやすく、成功率は高いものです。会話がさほど得意ではない店長でも、予約をいただくことができます。

3章

配ってよし！ 話してよし！ な訪問用チラシを作ろう!!

1 チラシに伝えたいことを詰め込もう!!

チラシを作るぞ！　と意気込んでも、最初から上手に作ることはなかなかできません。まずは手書きでラフを書いて、どのような内容でお客様に「おぉ～っ！　行きたい！」と思わせるかを考えましょう。まずは、どの商品を、どのような流れで伝えるのかを考えるのです。お客様と話す時間は、長くても5分がいいところなので、あれこれ話しても覚えてもらえません。こちらも何を話したのか覚えていないということにもなりかねません。お客様の知りたい情報に合わせて、自分のお店にどのようなメリットがあるかについて答えを出しながら、チラシに訴求していきましょう。

ももじろうグループは、店舗数京都一の居酒屋チェーングループですが、チラシの見た目にはこだわらず、手書きのチラシを持って常連さんの会社を訪問しています。「顔を見せに寄りましたよっ！」というニュアンスで訪問するので「あー、いつもありがとうございます！」と、お客様のほうから声をかけてくれるようになっています。手書きのチラシでも、まずは始めることが大切です。

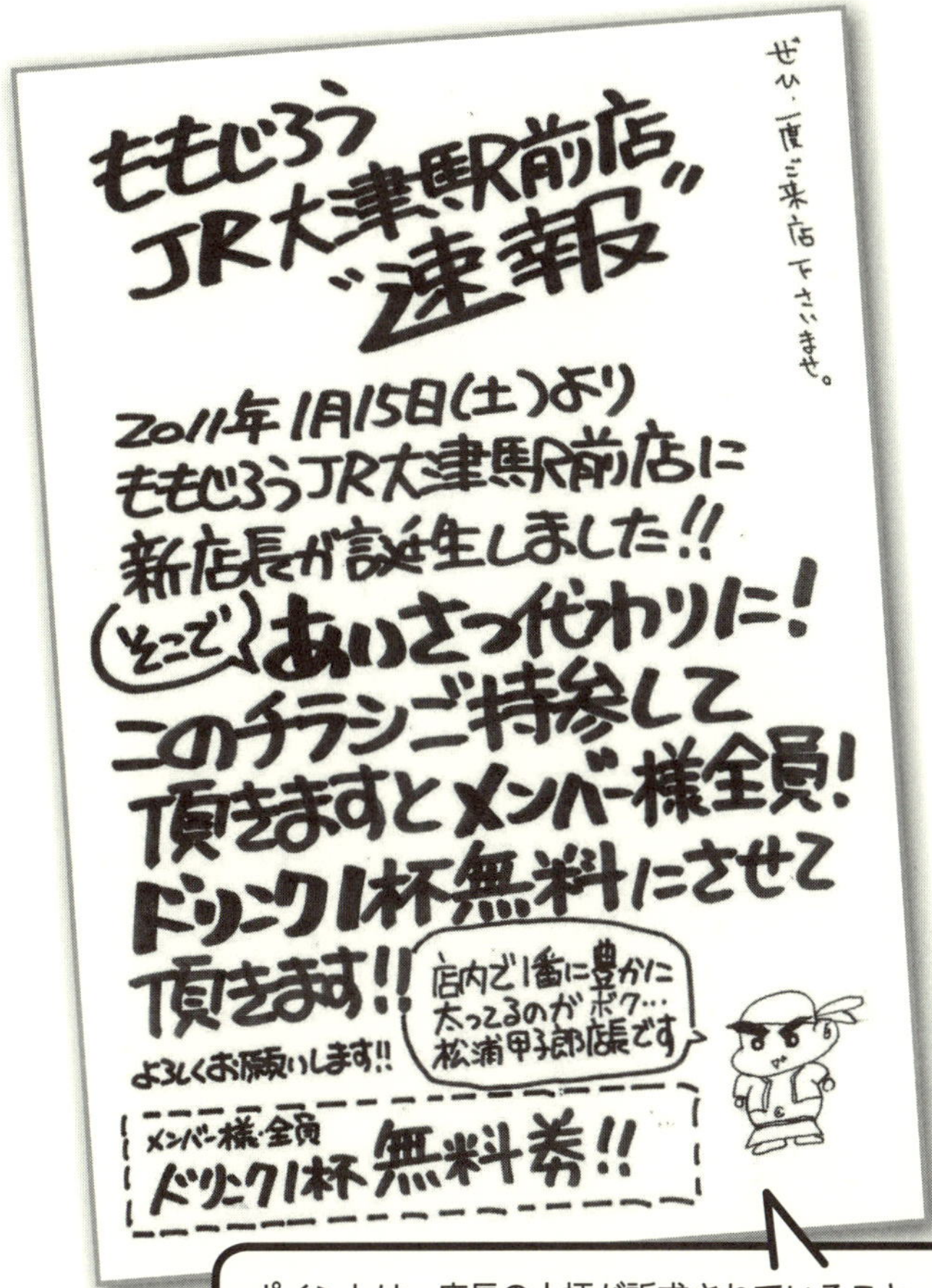

ポイントは、店長の人柄が訴求されていること。安心感を与えることができて、新任の店長自ら挨拶回りをしていることが好印象につながっています。

2 なんで今日、わざわざチラシを持ってきたの？

企業を訪問してお会いできる方は、受付の業務をしていたり、パソコンで資料を作成していたり、経理の事務処理をしていたりと、さまざまな役割で会社にいます。その方には、「なんでわざわざ飲食店の人がうちの会社に来るの？」という疑問があり、仕事中に対応するだけの理由が必要です。「特別な機会だからわざわざ訪問した」と思ってもらえれば、対応に時間を割く理由ができるのですから、「特別なこと」をチラシに盛り込みましょう。

一番の特別な機会は、お店ができたという「○○店ＯＰＥＮ‼」です。「○月○日にＯＰＥＮしました‼」といって訪問すれば、ほとんどの人は、どこにどんなお店ができたのか気になります。また「店内を改装しました‼」「メニューが増えました‼」といって訪問すると、訪問先のお客様は「そうなの？」と耳がこちらに向きます。

何もない場合は、「オープンから約半年がたちましたので、近隣の皆様に感謝‼」「今年で7周年を迎えさせていただいたので、感謝の気持ちを込めて」をタイトルにすることで、私たちが訪問することに不信感がなくなり、納得して聞いてもらうことができます。

「訪問の機会」の例

店の特別	人の特別
○月○日(○) OPEN!!	店長が変わりまして
リニューアルOPEN!!	こちらの店舗に配属になりました
メニューリニューアル!!	新入社員なので、ご挨拶に……
春の新メニュー登場!!	このたび宴会の担当になりまして……
地域の皆様のおかげで1周年を迎えました	

オープン告知と、地域最安値のビールを前面に押し出したチラシ。
業態の強みを徹底的に訴求したチラシです

3 場所はどこ？ 遠くないの？ 何が目印？

今日オープンの居酒屋です！　とお客様に声をかけると、真っ先に返ってくるのが、「どこにできたの？」です。「○○銀行の向かいにできまして……」などと答えるでしょうが、あらかじめチラシに「答えやすい建物」や「地下鉄の降り口」などの入った地図を記入しておきましょう。

特に地図に入れておきたいのは、銀行・郵便局・駅・大きなビルなど、普段から自然と目印にしているものです。駅の地下にあってわかりやすいお店だとしても、「何番出口の近くです」と、これ以上ないくらい細かくコメントを入れましょう。チラシの中にできる限りの気遣いを入れることで、ストレスなく自分のお店をイメージしてもらうのです。

大事なコメントをチラシに入れておけば、忘れずに説明できるので、はじめての訪問でも安心してお客様に声をかけることができます。

当たり前のことですが、ここはトークのさわりの部分で、重要な役割を担いますので、できる限りわかりやすいものにしましょう。

地下鉄の降り口や、目印になる銀行、大きなビルがひと目でわかるように地図を作成し、トークに役立てましょう。道順については、「話せばいい」「わかるだろう」という考えは捨ててください。知っていても、再確認するために必要なものです。

4 どんなお店？ 看板メニューは？

どこにあるお店なのか、までを説明して、やっとお店の内容に興味を持っていただけます。ここで業態の説明を入れ、さらにその中でもどんな特徴があるのかをキャッチコピーにしましょう。

最近、増えてきた290円均一の居酒屋なら「290円均一居酒屋。安くてうまいを徹底追求」、新鮮なお魚や海の幸なら「産地直送‼ 毎日鮮魚がうまい‼」と、極力おいしいというコピーを入れるようにします。誰でもおいしい料理を食べに行きたいのですから、当たり前のことを書くことが重要です。

また、「どんなお店か？」を伝えるには、「何がおいしいの？」という商品のことを伝えるのが一番の近道です。

サーロイン串など看板商品がはっきりしている場合は、商品写真を大きく載せるとともに、「ジュワッ！ と染み出る和牛の肉汁がうまい！」と、その商品のキャッチコピーを掲載しましょう。

一品を、紙面の３分の１以上使って訴求したチラシ。
「まずは、これを食べてください」と迫力を出して徹底的に伝えます。
キャッチコピーで食感やおいしさを伝えましょう。

成功の一番の秘訣は、ここにあるといっても過言ではありません。
私が作成しているチラシのほとんどは、一面で「一品」訴求しています。
自分のお店の一番売れている一品をしっかりと把握し、訴求することが先決です。
自信を持って一品を打ち出しましょう。

「どんなお店か?」をさらに伝えるのに手軽な方法は、メニュー表をそのまま載せてしまうことです。メニュー表が載っていると、「もし、店に行ったらこれを食べよう。あっ！これも食べたいな……。デザートもおいしそう！」と、注文時のイメージが湧いて、来店につながりやすくなります。

メニュー数が多くてすべてを載せられない場合は、抜粋して何品か載せるのもひとつの手です。1カテゴリーにつき7品以上は掲載しましょう。

50種類以上ある場合は、「メニュー数○種類!!」と数字を具体的に入れることで、「いっぱいあれば中には好きな商品もあるだろう」と感じる方も多いはずです。

安さ感で勝負するぞ！　という意気込みを表現したチラシ。業態を290円均一でわかりやすく表わし、メニュー数も具体的に訴求。

5 なにがどんな風においしいの？

チラシを見せながら話をするお客様は、まだ商品を食べたことがなく、どんな味か想像もつきません。よく「食べてもらわないことには、味は伝わりませんよ！」とおっしゃる飲食店の方もいらっしゃいますが、できる限り伝える努力をすることで頭の中にイメージが湧いて、どんな味か確かめてみたくなります。

確かめてみたくなるような説明をするには、「味」と「食感」を「形容詞で伝える」ことがポイントです。

味覚は「甘い」「辛い」「酸っぱい」「濃厚」など、どのような味なのかを伝えてください。もうひとつは食感で「ジュワッと!!」「サックサク!!」「プルップル!!」「とろける!!」など擬音を使って大げさに臨場感をこめて表現しましょう。

後に詳しく記載しますが、おいしさの理由を記載する（根拠を明確にする）と、お客様から「へぇ～！」と言わせる内容になります。具体的に言うと、「A5ランクの和牛」など、食材によっては産地や肉の等級などを入れるとダイレクトに響きます。

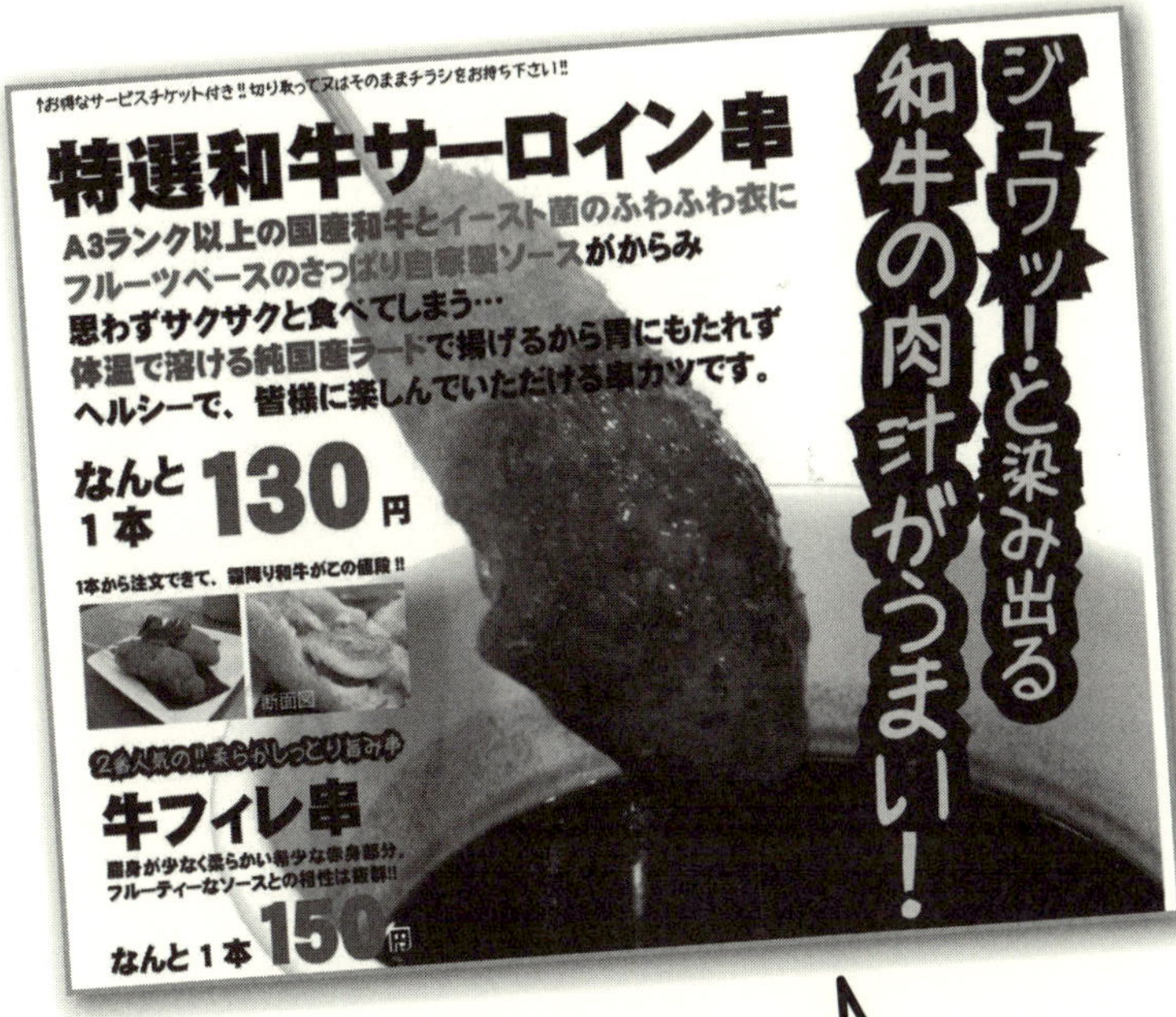

おいしいのは当たり前で、「おいしそうに見える」ように表現するのがポイントです。
また、「どう体にいいか」を訴求することも、食べる理由のひとつ、来店を促す材料になります。「体温で溶ける純国産ラードで胃にもたれずヘルシー」など、使用素材の効果を具体的に記入することで、健康面でも安心して食べることができると感じてもらえるのです。

6 何名入るの？ 予約は必要？ どんな席なの？

「どうおいしいのか？」を伝え切れたなら、お客様は来店したくなるでしょう。

ただし、「どんな席なのか」がわからなければ、誰とどんなときに使えばいいのかわかりません。最低限、席数は入れておいて、店の構造で有利な点があればそれも記入します。「座席数最大50名まで」などと記入しておくと、法人関係のお客様は今度の飲み会で使おうかな……と具体的に使用するイメージが湧きます。

さらに、席の特徴があるなら、「うれしいお座敷20席あり」や「うれしい掘りごたつ席あり」などを写真とコメントで記入すれば、お客様はさらに具体的にイメージできます。

若い方がたまに食事に行くなら「友達と2人で行っても大丈夫そう」とか、お子さんのいる方なら「座敷があるなら、家族で子どもを連れて行っても大丈夫よね」などと思ってもらえます。年配の方は正座がつらいので「掘ごたつならゆっくりできるなぁ」などと、私たちが思う以上に、席の使い勝手を重視します。

ここを伝えないのは損です。できる限り記入しましょう。

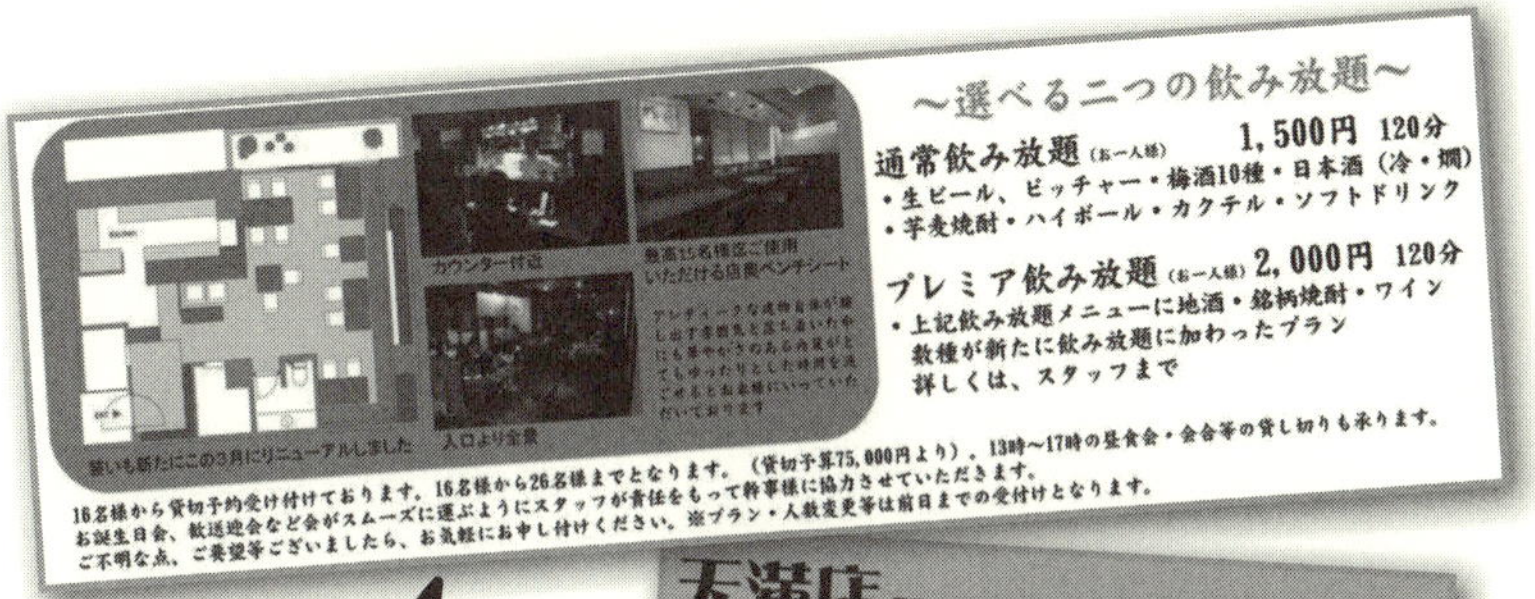

店内の様子を魅力的に伝えることができれば、下見をすることなく、その場で予約をいただける、即宴会受注につながります。

7 レイアウトを決めよう!!

お客様に手渡すチラシは、自分が話しやすいように作ることが重要です。チラシは自分の言葉の分身です。お客様に自分のイメージを伝えるためにあるわけですから、作る人によってさまざまなデザインでよいのです。

とはいえ、最低限のレイアウトの基本は押さえておきましょう。すでに実績のあるレイアウトを参考にして、より効果の高いチラシを探求するのです。

◉1／3は一番商品に!

載せる商品を絞り込めば、それだけ、人のイメージに残りやすくなります。

一品に絞って「これを食べに来てください」と言えるようなチラシにすると、反響率は上がります。人によって好き嫌いの激しい商品を選んでしまうと伝わりづらくなるので、できる限り自店の中で注文数が多く、実績があり、お客様に認められている商品で攻めていきましょう。

ポイントは、少し大きめに載せるというレベルではなく、紙面の3分の1～半分程度を

チラシのレイアウトの基本

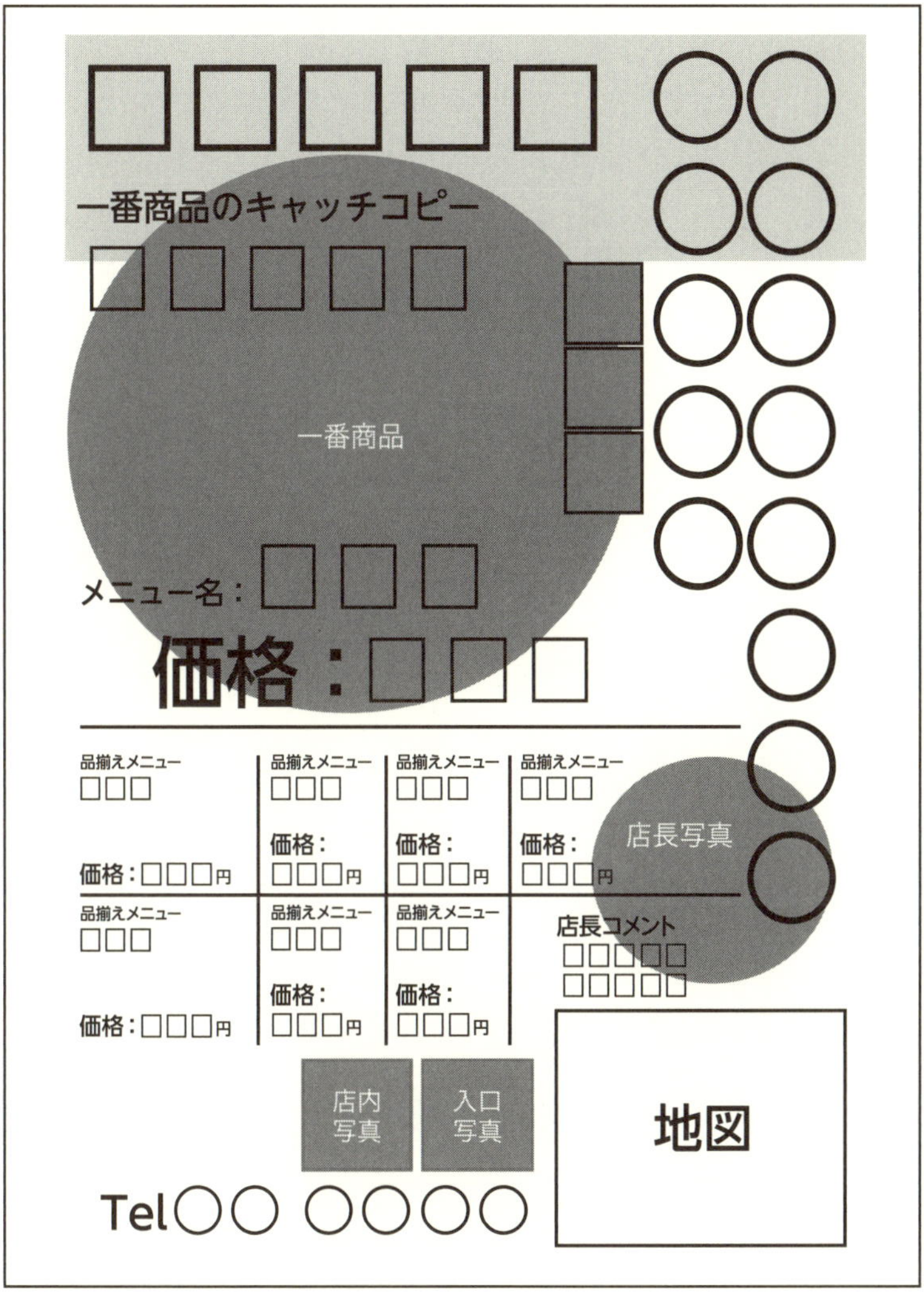
□□□□□
一番商品のキャッチコピー
□□□□□
一番商品
メニュー名：□□□
価格：□□□
品揃えメニュー
□□□
価格：□□□円
店長写真
店長コメント
□□□□□
□□□□□
店内写真
入口写真
地図
Tel○○ ○○○○

使って大きく掲載することです。

◉キャッチコピーの位置は？

チラシ全体のキャッチコピーには横書き・縦書きとありますが、力強く感じるのは縦書きのほうでしょう。レイアウト図の右上に太い文字で、できるだけ大きく入れるとインパクトを与えます。もちろん、「とにかくうまい‼」という気迫が伝わるようにしましょう。

一番商品のキャッチコピーは、商品写真にカブるように、大きく入れます。画像と一体化するように心がけ、写真の迫力を倍増させるイメージで「どうおいしいか？」を入れてください。スタッフの写真の横にフキダシをつけて説明させるのも効果的です。

◉値段の打ち出しで安さ感が決まる

しっかり大きな文字で値段を訴求しましょう。値段を入れていないチラシを見かけることがありますが、誰だって、よくわからない商品にお金を払うことはありません。あなたなら、金額がわからないのに席に着いたときに、一品は頼まなければいけないお店にお金を払うでしょうか？

できるだけはっきり価格を明示して、来店前の不安を少しでも取り除きましょう。コストパフォーマンスに自信のある店ほど、大きく価格を打ち出します。

また、一番商品以外に7品程度、ワクワクさせる、選ばせるような「品揃えメニュー」

表面は７品に絞ってイメージを訴求し、裏面にメニュー表をそのまま載せるのも効果的。お客様にとって判断基準が増え、安心できます。裏面は気になった人が見るので、できるだけ詳しく掲載し、店の情報はできるだけ出し惜しみせずに伝えることも大事です。

を載せ、それらにもすべて値段を明記しましょう。お客様は、判断基準が多いほど安心感を持ちます。まずこれを頼んで……などと、お客様が来店時をイメージできるようにするのです。

◉クーポンの生きる配置

来店を促すには、「まだ行ったことのないお店を試してみたい‼」とお客様に思ってもらうことが大事です。「試してみたい‼」を後押しするのが、クーポンなどの特典です。

一般的な安売りではなく、おいしそうだから食べてみたいものの、まだよくわからないので、試してみるか！　と思わせるようなお土産があれば来店の促進になります。

大切なのは、3つ以上のクーポンをつけることです。3つあればどれにするか選ぶことができて、お客様の会話が盛り上がります。できるだけ定番のものと、オリジナルのユニークなものを組み合わせて使いましょう。

①どんな人がいつ来ても使えるクーポン

たとえば、ワンドリンクチケットは、どんな方でも使うことができて回収率が一番高いチケットです。好みに左右されず来店された方全員が分け隔てなく使えるので、必ずひとつは入れておきましょう。有効期限は1ヶ月〜2ヶ月ほどに設定し、長く使えるように心がけます。

関西で、19 年前からタイ料理レストランの先駆けとして本場の味で提供している老舗。食材の卸業もしているので、トムヤムビーフンというタイのカップ麺をプレゼントして、ご来店のお客様を楽しませています。

②次に、料理の割引やプレゼント

ドリンクよりも、おいしいものを食べたいと考えている方に有効です。こちらは、特別な素材を使っているお店は、一度試してもらいたい商品を半額にするなど、お試しの割合が強いように設定しましょう。たとえば、うちでしか食べられないまかない料理や、お土産に使える調味料をプレゼントなどに設定すると特別な感じが伝わります。

4章

チラシに打ち出す「一品」はこうして選ぼう!!

1 まずはひとつの商品をアピールしよう!!

◉来店の動機は一品

「この店に行ってみたい」と思ってもらうには、一品を徹底的に伝えることです。「なんでも好きなものが揃うお店」というとよさそうに聞こえますが、「何が揃うのか」がぼやけていて、お客様にはまったくわかりません。

逆に、「自家製ハンバーグがおいしいお店」と言われると、頭にハンバーグのイメージが湧きます。「何が」のところに「自家製ハンバーグ」が明確にイメージできるので、次に進めます。「次」とは「どんなおいしさか?」とイメージすることです。

「ＡＩＤＭの法則」をご存じでしょうか? 人がモノを買うまでの心の動きを、注意(Attention)、関心(Interest)、欲求(Desire)、記憶(Memory)、行動(Action)の頭文字をとって説明したもので、たとえば、「自家製ハンバーグ」という言葉でまず「注意」を引くことができれば、次の「関心」につながりやすくなります。

お客様は、お店の一品めがけて来店します。とんかつが食べたければ「豚カツ屋」に、新鮮なお魚が食べたければ「できるだけ新鮮でおいしい海鮮のお店」に行きます。つまり、そうして一品を徹底的に伝え切ることが、お客様の来店につながるのです。

◉一品でイメージさせる

来店の動機となる一品を決めたなら、その一品をできるだけはっきりとイメージさせることが、高い集客を生み出すポイントになります。たとえば「自家製ハンバーグがおいしいお店」と謳えば、ハンバーグが好きな方は興味を持ちます。でも、「食べてみたいなぁ」と思ってもらうまでにはまだ足りません。そこで「どういうハンバーグなのか？」を考えてみましょう。

以前、私のクライアントに、ハンバーグが人気の洋食屋さんがありました。そのお店のハンバーグは、砂糖を使わずにはちみつを使って自然な甘みを出していました。はちみつを使うことで少し焦げが出て、一般的なジューシーな肉汁というよりは、しっかりお肉の味がして食べ応えのある、一風変わったハンバーグです。でも、はちみつは隠し味なのでお客様にはまったく伝わっていません。そこで、「自家製はちみつハンバーグ」と題してチラシ一面をハンバーグの写真にして訴求したところ、ハンバーグ目当てに来るお客様がドカッと増えました。ランチタイムは満席で、調理が追いつかないほどです。

それだけ一品の訴求力は強いものなのです。

2 お客様から一番支持されている商品を見つけよう!!

◉出数が一番の商品は?

さて、一品、一品と口を酸っぱくして何度も伝えてきましたが、どうやってその一品を選べばいいのでしょうか。

答えは、商品の出数、売れ個数にあります。単純に、自分のお店で数が一番売れている商品を選ぶということです。

どうして「数」が大切なのか? それは、現時点でお客様から一番の支持を得ている商品だからです。出数が多ければ多いほどコストパフォーマンスが高く、お客様の来店に結びつきやすい商品であることを意味します。

この一品を徹底的に突き詰めて、お客様にアピールしましょう。

◉稼ぎ額が一番の商品は?

次に、集客の一品の候補になる商品は、ほかの商品と比べると高単価だが「売上高」の多い商品です。これは店の中で一番稼いでいるメニューになります。

稼いでいるということは、お客様にとって必要であり、満足度の高い商品であるということになります。さきほどの、出数の多い商品が稼ぎの一番多い商品と一致すれば、間違いなく一品訴求で集客できる、力のある商品ということになります。

※出数が多い商品で、圧倒的に売れている商品がある場合は、稼ぎ額が一番の商品を品揃えメニューに組み込みましょう。

◉そのシーズンに圧倒的に売れる商品は？

さらに集客力を上げるのは、あるシーズンにしか食べられない一品、たとえば「大間のマグロ」など旬でブランド力のある商品を使った一品です。

ある時期に必ず売れるという商品で、「冬のてっちり」だったり、旬のメニューを売りにしているところは、押さえておかなければならないポイントです。他のメニューと同様の打ち出しでは集客につながらないので、期間を決め、おいしさの理由を伝えることが重要です。海鮮居酒屋などでは、常にシーズンを意識して集客を考えなくてはいけません。

どの商品も平均的という場合は、8割以上の方が知っているカテゴリーの商品（ハンバーグ・お造り盛り合わせ・ピザなど）での比較的出数が多い商品で、仕入れや調理法に特徴がある商品を選ぶか、新たに集客できる商品を作ってください。

3 商品の価値を4つに分解してみよう!!

商品の魅力、メニューのおいしさを考える際には、まずは「どういうおいしさか」をはっきりさせましょう。

具体的には、次の4つに分けて整理します。

①素材の産地はどこ？　素材自身にどんな優位性がある？

例▼串カツ：Ａ４以上の和牛サーロインでジューシー

例▼海鮮居酒屋：明石海峡の荒波にもまれ豊富な餌場でとれた

②どんな調理法？　どんな手間をかけている？　おいしい料理を出すために苦労した点は？

例▼串カツ：融点の低いラードで揚げるため、体にたまらず胃もたれにくい

例▼海鮮居酒屋：昼網物を漁師さんに直送3時間で届けてもらった、新鮮さ一番でぷりっぷりの触感

③食べ方の工夫など、どう食べやすいか？

商品の４つの価値

1　素材の産地・素材自身の優位性
お値打ち感をイメージさせる

2　調理法・調理の手間
試してみたくなる特別感を持たせる

3　食べ方の上での工夫
食べる疑似体験をイメージさせる

4　見た目の工夫
「おいしそう」と感覚的に食べたくなるように

例▼串カツ：フルーツベースの自家製ソースで、濃厚なのに後味さっぱり

例▼海鮮居酒屋：人数に応じて貫付を変えて出すし、大きな切り身で食べ応え抜群

④見た目の印象

例▼串カツ：アメリカンドッグのようなパン生地の衣で、ふわふわ

例▼海鮮居酒屋：新鮮で角が立ち、活きがよさそう

この４つで整理すると料理の価値がバランスよく整理できて、お客様に伝えやすい内容になります。この４つをチラシ全体に訴求できれば、お客様においしさの理由が伝わります。画像と太字のキャッチコピーなどで前面に伝えましょう。

4 その商品の本当のおいしさを知ろう!!

飲食店にとってもっとも重要な価値は、おいしい料理にあります。ですから、ここからは料理の価値をさらに4つの項目に分けて整理していきましょう。

◉おいしさを味で知る

おいしさを伝えるには、どんな味なのかを伝える必要があります。甘い、辛いなどの形容詞を使って味を表現しましょう。

例▼脂の甘みが別格のやんばる豚

このように形容詞で伝えると、味が想像しやすくなり、イメージできなくても試してみたいと思う表現になります。わかりやすく伝えるには味を表現しましょう。

◉おいしさを食感で知る

さらに、食感を擬音で伝えていきます。

例）衣がサックサクふわふわでじゅわっと肉汁があふれる牛サーロインの串カツ

と、食感を擬音でリズミカルに表現すると、臨場感を出して伝えることができます。

これは、少し大げさに表現することがコツです。「伝わる言葉」とは、わかりやすくいえば、3%の事実を300%に膨らませた言葉のことです。お客様はまだ食べたことがないわけですから、ひとつの事実にスポットを当てることでわかりやすく伝える、そしてこれから食べる商品に期待を持たせるように伝えましょう。

◉おいしさを「かおり・シズル感」で知る

かおり・シズル感で状況をイメージさせることも重要です。

例▼炭火で焼かれ口をあけるハマグリ、磯の香りがひろがり……

と、臨場感こめて表現することで、「今すぐに食べたい！」と引き込むことができます。

◉おいしさを「原因」で知る

表現の仕方はもちろんですが、おいしさの原因を伝えることで、納得させることができます。

例▼国産牛は、穀物で育てているので臭みがなくおいしい

例▼「茶美豚」は緑茶で育てているため、うまみ成分のイノシン酸が豊富

このように、うんちくを語ることで納得されるお客様も少なくありません。具体的な原因も明らかにしておきましょう。

5 お店・自分たちの魅力を知ろう!!

伝えるべきことは、料理ばかりではありません。お店の雰囲気を明らかにすることで、来店のイメージが湧き、安心して料理を楽しんでいる空間をイメージすることができます。誰とどんな食事をするのかをイメージしてはじめて利用してもらえるのです。

◉店で食事をしているイメージを知る

店の雰囲気を理解しておきましょう。

例▼満員御礼！　店内はまるで市場のような活気と賑わい

例▼結婚式の2次会でもよく使われる開放的なお店

など、具体的にどんなお店なのかを把握しておきましょう。どんな方に、どんな使われ方をしているお店なのかがわかりやすく伝えるポイントです。

◉接客するスタッフのセンスを知る

どんなスタッフが接客しているのかを伝えることで、安心感を与えられます。訪問したあなたが相手に与える印象が、そのままお店の印象になります。

お店の方針（宴会４カ条）と担当スタッフの顔を載せ、安心感を持ってもらうチラシ。

「真面目そう」や「細かな気配りができる」「融通が利く店長だ」など、お客様が判断されますが、宴会をご案内する際には、「私たちの宴会5か条」などをあらかじめ決めておいて伝えることで安心させることもできます。

上のお店は、それらをチラシに打ち出し安心感を伝え、他店と差別化しています。スタッフが差別化の一番のカギなのです。

◉作っている人のセンスを知る

どんな人がどんなこだわりを持って作っているのかも、お客様にとっては安心の大きなポイントになります。誰が作っているのかよくわからないお店よりも、「私が作っているので自信ありますよ!!」

と言われたほうが安心するものですよね。

ですから、キッチンのスタッフ自身が訪問すれば、安心感はグンと増すことでしょう。

◉料理の安心・安全・健康を知る

料理が「体にどんな影響を与えるか」を伝えることも欠かせません。

私が飲食業に携わる方にいつも敬意を払うのは、「食」が命をつくっているからにほかなりません。特に近年では、食中毒による大きな事件が起きたこともあって、衛生管理に対するお客様の目は厳しくなっているといえるでしょう。

これだけ衛生面・健康面におけるマイナス面が取り上げられるということは、逆にいえば、プラス面を訴求すれば、それだけよいイメージを与えることができると考えられます。

その中で訴求していきたいのは、「どう体にいいか？」という点です。意識的に気をつけている方や、無意識のうちにカロリーを気にしている方まで、「安心して食べられるか？」と潜在的に不安に思っているお客様は少なくありません。

そこで打ち出し方のポイントは、食材の生産地を明記することです。

すべての商品、食材の産地を打ち出すことはできないので、1品でもそのような商品があれば、その産地を明確にして安心を訴求しましょう。

さらには、その食品の栄養価まで具体的に表示できれば、健康面への信頼が高まります。

料理長・板長自らが訪問集客をしている海鮮居酒屋。「自分の立場を名乗った上で『私たちが作っていて、アジには自信があります』と伝えることで、お客様との会話が広がります」との感想をいただきました。料理を作っている人が一番の価値となるのです。

6 お店の使いやすさを知ろう!!

当然のことですが、お客様は店内の隅々まで知っているわけではありません。特に、団体客の場合は幹事さんが事前に下見に来るなど何かと気を遣っています。それなのに、宴会当日に「知らなかった」ということがあっては、済まされません。

かくいう私も、一度30名程度の懇親会のセッティングの際、大失敗して怒られたことがあります。電話で「30名で一つの部屋で大丈夫ですか?」と確認したところ、「2部屋になりますがほぼ貸切にして、つながっているようなものですので大丈夫です」とお答えいただいたのですが、行ってみるとまったくつながっておらず、挨拶もなしに懇親会を始める羽目になってしまいました。今でも恨めしい思い出で、できれば体験したくないものです。

このように、「空間的な使いやすさ」はお客様の状況により変わるもので、重要なポイントになります。ぴったりの席割ができれば、毎回使っていただけるようになるでしょう。

◉「席割」の使いやすさを知る

団体客には、個室やお座敷などに何名入るかをお伝えしておきましょう。店側の人はよくわかっていることでも、お客様にはイメージが湧きませんので、できる限りチラシに画像を載せて、具体的に何名まで入るのかを明確にしておきましょう。お客様にとって、とても重要な情報です。また、個室やお座敷がないお店でも、「テーブル席が何席」「何名様から貸切ができる」など具体的に決めておきましょう。

カウンターのお店なら「一人でも入りやすい」ということを伝えることで、来店の可能性が出てきます。お店の使いやすさは、意外にもお客様には伝わりづらいものです。

◉「料理」の使いやすさを知る

料理に関しても使いやすさは押さえておきたいところです。接待に使える会席のようなコースがある、大皿でどんどん料理を出して盛り上げることができる、といった特長はないでしょうか?

また、結婚前の顔合わせで使えるような品のある料理や、学生の飲み会で使える安くてボリュームのあるコースなど、さまざまな使い方を考慮した料理を出しましょう。他にも、サラリーマンが使いやすい一品ものが充実している品揃えや、デートに使えるデザートが充実していることなど「お客様がどんな使い方をしているか」に注目してみると、自店の強みが見えてくるでしょう。

◉「時間」の使いやすさを知る

時間も使いやすさの大きな割合を占めます。

たとえば、朝5時まで営業しているお店は、近くに住んでいる若者にはありがたいでしょうし、同業の飲食店のお客様にとっても使いやすいでしょう。

また、昼の12時から空いていて昼の宴会ができるというのは、他店にない強みです。他店の時間帯と少しズラすことで、新たな客層を取り込める可能性は一気に高まります。

また、飲み放題の時間が3時間あることや、時間を気にせずゆっくりできるお店というのも、お客様にとっては使いやすいポイントです。あなたのお店の使いやすい点を、伝えていきましょう。

◉「接客」の使いやすさを知る

接客のやり方にも、使いやすさは存在します。

たとえば、もともとホテルのレストランで接客していた従業員がいるお店なら、ワインに詳しくて商品説明が上手です。若くて気さくなスタッフが多いお店なら、「気心の知れたスタッフがいるお店には友人を連れて行きやすい」とお客様に感じてもらえます。

こういった使いやすさも重要です。

7 「一品」をアピールしたら「品揃え」をアピールしよう!!

ここまで、「一品を訴求すること」の大切さをお伝えしてきました。これによって、集客効果はグンと高まるわけですから、あなたのお店の一品を、ぜひ見つけ出していただきたいと思っています。

ただし、勘違いしないでいただきたいのは、一品とはお客様にわかりやすく伝えるための商品に過ぎないという点です。

あなたのお店には、そうした一品のほかに、本当にこだわって、数量限定、手間暇かけた、うちでしか食べられないといった料理もあるでしょう。変わったメニューだけど、常連さんで好きな方は毎回頼んでくれるといった商品もあるでしょう。そういった商品にも、当然のことながら、集客力はあるのです。

一品で伝えるということは、あくまでも一番人気のある商品を自信を持って打ち出すことであって、その他の品揃え商品も重要です。

少しでも幅を広げるためにまずはじめに伝える一品を踏まえて、品揃えメニューも押さえておきましょう。

訪問した際のトークで一品を訴求したところ、「私はあまり好きじゃない」と言われることもあります。もちろん、まず一品を伝えなければ好きも嫌いもわかりませんので、一品が大事なのですが、さらに品揃えメニューがあれば「ほかにもいろいろ揃えていますよ。どんなものがお好きですか?」と質問することができます。

「ハンバーグが嫌い」とおっしゃる方には「どんなハンバーグが嫌いですか?」と聴き、「ハンバーグ自体が嫌い」というお客様に「エビフライも人気です」と伝えることができれば、来ていただける可能性は広がります。

ハンバーグ(一品)を伝え切ることができれば、エビフライ(ほかの商品)にも同じようにこだわっているのだろうと想像していただけますし、現にひとつの商品をこだわって伝えることで、そのほかの商品も同様のスタンスで伝える癖をつけることにもなります。

その結果、メニュー全体で集客するという考え方が身につくのです。

5章

お客様を引き込む魔法のトークはこれだ‼

1 基本を押さえれば、理不尽に断られることはない!!

◉トークの9つの流れ

はじめて訪問される方は、「断られるのではないか」と不安もあるでしょうが、トークの順番と伝え方さえ間違えなければ、理不尽に断られることはほとんどありません。

トークの流れを細かく分けると、①訪問時の挨拶、②自己紹介、③訪問の理由、④ニーズのヒアリング、⑤メニューのおいしさを伝える、⑥宴会ニーズのヒアリング、⑦自店の宴会のメリットを伝える、⑧来店訴求、⑨お礼、の9項目に分かれます。

その中で自分が話すことは3割ぐらいに抑えて、ヒアリングに時間を割きます。なぜなら、こちらが話す時間が長ければ長いほど「売り込まれている」という印象を与えてしまうからです。もちろん、相手が興味を持って質問してきたときには饒舌に話をすることも効果的ですが、たいていの場合は、売り込まれているという不安の払拭が先決です。ここが大事なポイントです。相手のニーズに応えている状態を作ることが、お客様が自発的に来店したくなっている状況なのです。それがこの9つのステップです。

トークの流れ

1分～5分程度	15秒以内	導入トーク	① 訪問時の挨拶	こんにちは！
			②　自己紹介	居酒屋の○○です。
			③ 用件を伝える	クーポン持ってきたので皆さんで使ってください
		④ ニーズのヒアリング	店の存在	うちの店は知っていただいていますか？
			外食の頻度	外で食事されることはありますか？
			メニューへの反応	○○はお好きですか？
		⑤ メニューのおいしさを伝える	一品で伝える	うちは○○がおいしくて……
			業態の特徴	海鮮の居酒屋
			店の特徴	うちのお店は……
		⑥ 宴会ニーズのヒアリング	忘年会の有無	忘年会などされますか？
			人数・席割は？	何名様ぐらいで……
			料理内容	いつもどんな料理内容ですか？
		⑦ 自店の宴会のメリットを伝える	最適の席	ちょうど奥の座敷で……
			料理内容の特徴	名物の○○が入ったコースで
			お得感の訴求	このコースが一番お得で……
		⑧ 来店訴求	来店・仮予約の訴求	一度来てくださいよ！
			関心度合の確認	来てくれますか？
			最後に一品訴求	○○だけは一度食べに来てください
		⑨ お礼・退出		ありがとうございます。では失礼いたしました。

2 はじめの15秒ですべてが決まる

◉第一印象で8割以上決まる

あなたの第一印象がお店のイメージに直結するということは、誰でもご存じのことだと思います。まず大事なことは、トークに入る以前に、「笑顔ができているか」。最初はぎこちなくても、何度か訪問するうちに笑顔が板についてくるのが自分でわかるはずです。それでも不安な方は、訪問前に鏡で自分の笑顔をチェックしましょう。自分が笑顔であれば、お客様も笑顔で迎えてくれる可能性が高いのです。

◉ダイナミックに笑う

続いての好印象を与えるコツは、ダイナミックに大きく笑うことです。ポイントは目尻が下がり、目が細くなるようにクシャッと笑うこと。そして大きく歯が見えるように笑うことです。白い歯が見えてニカッと笑うことができるだけで、第一印象は格段に上がります。まずは笑顔を意識しましょう。いい顔で笑うと、明るい雰囲気で安心する空間を演出できるのです。

◉礼儀正しく

最低限の礼儀を守らないといきなり印象が悪くなってしまいますので、気をつけるべきことを先にお伝えしておきます。

①入室前にドアをノック

基本的には2回、「コン、コン」とゆっくりノックします。やってしまいがちな失敗は、出てくるまで何度もノックしたり、「コンコンコンコン」と間をあけずに早くノックして、せかしている印象を与えてしまうことです。落ち着いてゆっくり、扉の向こうの人の気持ちになってノックしてください。

②お客様がこちらに出てきたときにお辞儀

最敬礼でなくて構いません。ゆっくりと丁寧に45度のお辞儀をしてください。人間同士であれば当たり前にやっていることなので、緊張せずにやってみましょう。

③しっかり敬語で相槌を打つ

自分が話すことばかりに気を取られて、相手が話し終わる前に次の質問をするといったケースも少なくありません。しっかり「はい！　そうですね！」と大きく深く頷くことを意識しましょう。「聞いてくれている」という印象は、多少大げさなほうが伝わります。けっして「なるほど……」とそっけない対応をしないように気をつけましょう。

④お客様の顔を見て話す

ずっと見ていなくてもいいのですが、相手が話しているときは必ず目のあたりに視線を持っていきましょう。目をまっすぐ見てしまうと話しづらいので、顔の全体もしくは鼻のあたりを見て話をします。強くお勧めするときにしっかり相手を見据えると、印象が強くなるので効果的です。

⑤退室時にお礼

話が終わり退室するときには、「ありがとうございました！」と元気よく挨拶とお礼をして帰りましょう。ドアから出た後も、一度振り返って頭を下げるように心がけましょう。「終わりよければすべてよし」とはよく言ったもので、悪ければ台なしになってしまいます。かくいう私も始めてすぐの頃、一度だけお客様に叱られたことがあります。「そんな帰り方じゃ、あなた損するよ。せっかくいい青年だと思って、明日にでも行こうと思っていたのに！」と。お客様は当たり前のことをよく見ておられます。

以上の5点は必ず守って訪問してください。すべて日常の接客でやっている当たり前のことですので、重く捉えず、普段の接客と同じようにやればいいのです。

お客様の対応がなんか変だな？　と思った時は、思い返して心当たりがないか確かめてみましょう。

ではいよいよトークの進め方に入っていきましょう。

◉奪われることが嫌い

すでに述べたように、反響を高めていくには、売り込まれているという印象を与えないようにすることが重要です。そもそも、訪問集客は「押し売り」にはなりません。なぜなら、目的は集客であって、その場で売るわけではないからです。宴会の予約を取りに行くという狙いもありますが、その場でお金をもらうのではなく、来店させることが主な目的です。

とはいえ、お客様はどうしても「売り込まれている」という印象を受けてしまいがちです。このギャップを埋めるのが、訪問集客の技術です。

売り込まれるという印象は、お客様が「奪われる」と感じることから生じるものです。何を奪われるのかというと「時間」と「お金」です。

もし、あなたが訪問する少し前に別の営業マンが長々と居座り、やっと帰ったというタイミングだったとします。その後にあなたが訪問し、用件を伝える前に自分のことを長々と話したとしたら、お客様は「また我慢して聞かなければいけないのか……」と思うかもしれません。この場合、お客様は「時間」を奪われています。その結果、何かを売りつけられたという経験をお持ちの方は、「お金」を奪われる可能性を想像して話を聞かないかもしれません。そうならないために必要なのは、「誰が何のために来たのか」を手早く伝えること。①訪問時の挨拶、②自己紹介、③訪問の理由の3つを15秒以内で伝えることで解決します。私の経験上、ここで30秒以上かかると3割以上の方が話を聞かなくなります。前項でも書いたように自分が話す割合を少なくし、お客様に話してもらうことが重要です。手っ取り早く相手に質問できるベースを作ってしまいましょう。

◉15秒の導入トーク

具体的には「こんにちは！　○○前の居酒屋なんですが、近隣の企業様にご挨拶に伺いました。クーポンをご用意していますので、一度、味見に来てください！」で15秒以内に収めることができます。これを「導入トーク」と呼びます。私がクライアントへの指導で強調しているのは、導入トークを15秒に収めることです。なぜなら、こちらが不安な気持ちで訪問すると、自分のことをくどくどと話してしまうことが多いからです。

この導入トーク中にチラシを相手に渡してください。まずはチラシなど配布物を渡してしまい、細かいことは相手の興味の度合いに応じて話せばいいのです。チラシを渡さず持ったまま話してしまうと、相手は「時間」を奪われるかもしれないと構えてしまいます。

「あなたからは時間もお金も奪いませんよ」という意思表示のために、導入トークを工夫しましょう。

導入トークの例

「こんにちは！　近くの飲食店でクーポン持ってきました！」

「わざわざありがとう！」

ここで相手の手元までチラシを持っていき、渡してしまう。

チラシ
「たまには食事に行かれます？　使っていただければうれしいんですが……」

「どんなお店？」

「あっ！　うちはですねぇ〜○○が名物で……」


15秒以内でチラシを渡すことがポイント。

私の場合はほとんど、5秒以内で渡しています。

3 ほんとに伝わってますか、あなたのお店?

ヒアリングに時間を割くとお伝えしましたが、ひとつは話している相手とのイメージがある程度一致しているかどうかが問題です。相手の話をこちらが理解できていないことも多いですし、私たちの話もほぼ伝わっていないと認識して、しっかり一致するまで、確認を取りながら話を進めましょう。

◉お店を知っているという方へ再度説明

よくある例をご説明しましょう。

お店を知っているかどうか尋ねると、「ああ、知っているよ」と答えるお客様もいますが、実際に突っ込んで聞きます。「知っていただいてますか、うれしいです! うちの店わかりづらいんですよ。地下ですからね」と返してみると、「えっ、地下じゃなかったから違う店だったかな……」と実は間違えていたというケースも少なくありません。この場合、突っ込まなければ勘違いしてほかの店に行ってしまう可能性もあります。しっかりと話ができた場合はよいのですが、忙しくて話があまりできない場合は来店しやすいお客様を一人逃したことになります。少しでもおかしいと感じたら、再度説明を交えて聞いてみましょう。

また、この質問はお客様との最初の会話でとっかかりになる質問なので、うまくリズムをつかむことができます。

◉来ていただいたことは？　前はいつ来てもらいました？

場所が伝わっているなら、次は、来店したことがあるかについて確認を取りましょう。

これも、聞かずに説明を始めると「それは知ってるよ」とお客様に思われることもあります。意外とお客様が自ら話してくれることは少ないので、知らなさそうだと思っていても、もしかしたら知っているかもしれないと想定して聞いてみましょう。

もし、来ていただいた経験があるのなら、スムーズな会話にもつながり、来店していただける可能性は高くなるでしょう。思い出してまた行ってみようと思っていただけることも大いに考えられます。この場合、通常「また来てください」で終わってしまいがちですが、さらに一致させていきましょう。「前は、いつ来ていただきました？」と質問します。この質問で「1年くらい前かな……覚えていない」「先週、行ったところですよ」などと教えてくれます。もちろん、1年前に来店したお客様と先週来店したお客様には、勧める内容も変わってきますよね。まだまだ、お客様については知らないことばかりなので、話せそうならここぞとばかりに質問し、答える形で商品を勧めます。

◉メニューは、どの程度伝わっているのか？

お店の存在は知っているのにお客様が来店していないなら、メニューが伝わっていないという理由が考えられます。ほとんどの場合、店の存在が伝わっていてもどんな料理がいくらくらいで食べられるのかを知らないと、店には入りません。お客様は、わからないものにはお金を払いません。前回の来店から1年以上たっているなんていう方には、「どんなもの食べたか覚えてます？」と聞きましょう。忘れてしまっている場合がほとんどですので、たとえば海鮮居酒屋なら、まずは「お造りが自慢で、5種盛りが999円でお得なんですよ」と伝えてみましょう。思い出してくれるかもしれません。

どちらにせよ、お客様のことがなるべくわかるように質問しながら会話を進めていくことが、押しつけではなく、引っ張り込むことのできるトークです。

少しずつでも深く相手を理解できるように心がけましょう。

相手を理解することが、より満足度の高い商品を提供することにつながるのです。

お店を知っているか？　確認トーク例

「ご存じですか？　○○という海鮮のお店なんですが？」

「あのコンビニの向かい？」

「そうそう！　このビル出て、左にずっと歩いて郵便局曲がったとこのコンビニの向かいの地下に降りてくとこです」

「地下なの？　じゃ思っているのと違うわね……」

「お隣のビルの○○屋さんじゃないですか？　うちはですね……」

4 わかりやすくいうと何が食べられるの？

お客様が飲食店に求めていることはなんでしょう？　毎日毎日、お客様を相手にしている皆さんであれば、見えているはずです。その求めていることを、できる限りイメージしてもらうことが来店のポイントです。

◉お客様の目的はうまい食事

お客様の求めていることの大半を占めるのが「うまい食事」でしょう。もちろん、活気や楽しい空間など、人によって多少の違いはありますが、「うまい食事」という認識はしっかりと押さえておかなければなりません。ではあなたのお店の「うまい食事」を伝えるためには、何をどう表現すればいいのでしょうか？

ひとつの答えが、すでにお伝えした「一品」です。何がおいしいのか？　なぜおいしいのか？　を伝えることが、あなたのお店自体を伝えることの近道です。「一品」すら伝えることのできないお店では、「全メニュー」を伝えることはできないでしょう。まずは、「一品」から伝えていきましょう。

メニューを伝えるトーク例

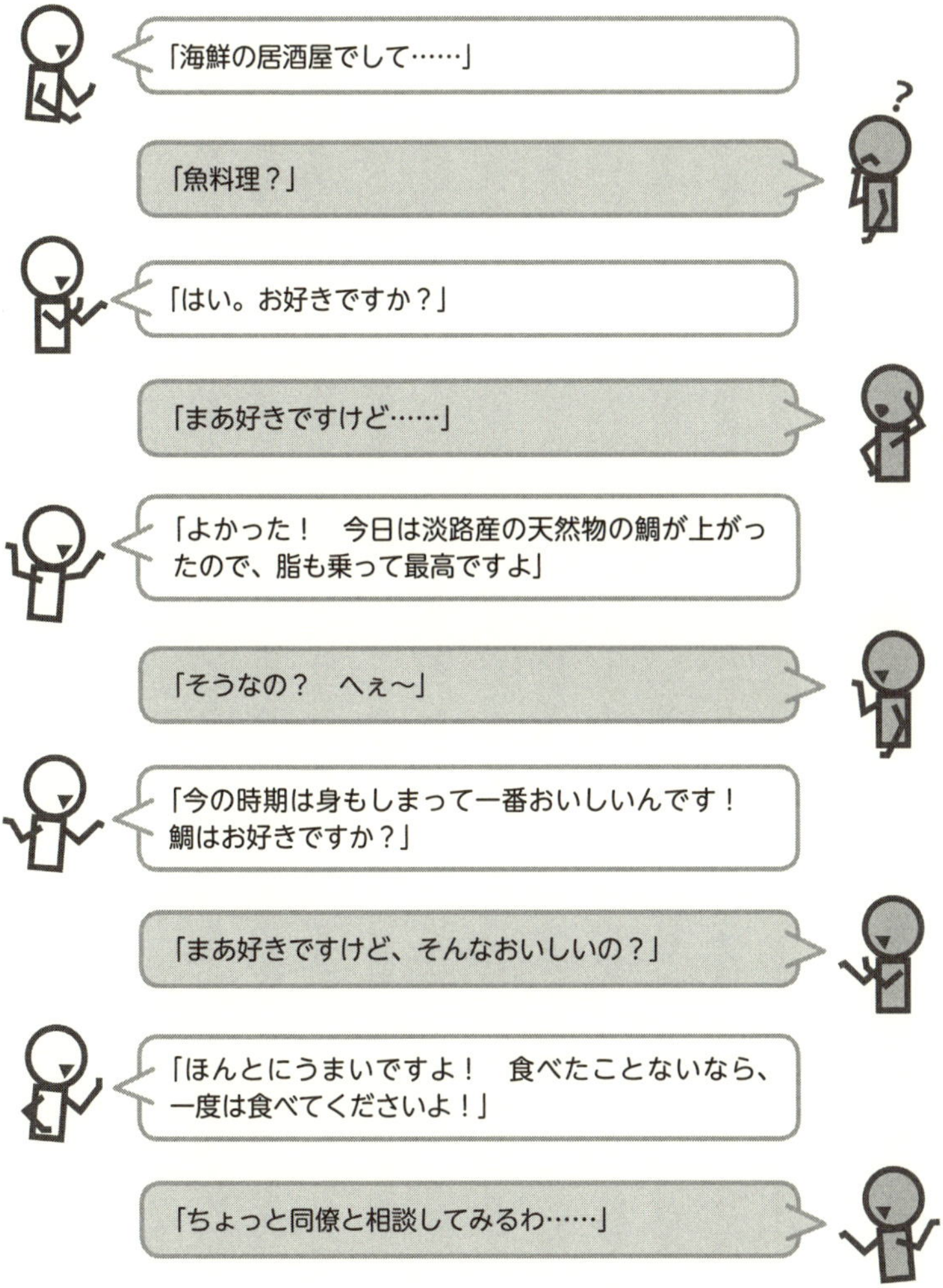
「海鮮の居酒屋でして……」

「魚料理？」

「はい。お好きですか？」

「まあ好きですけど……」

「よかった！　今日は淡路産の天然物の鯛が上がったので、脂も乗って最高ですよ」

「そうなの？　へぇ～」

「今の時期は身もしまって一番おいしいんです！鯛はお好きですか？」

「まあ好きですけど、そんなおいしいの？」

「ほんとにうまいですよ！　食べたことないなら、一度は食べてくださいよ！」

「ちょっと同僚と相談してみるわ……」

◉「一品」を伝えることを徹底する

お客様には、それぞれ好みがあります。好きなもの、嫌いなものは人それぞれ違います。そう考えると「『一品』だけをアピールしたら、それを嫌いな方を集客できないんじゃない？」と考える人もいるでしょうが、ここでいう「一品」はわかりやすく伝えるためのひとつの基準です。「マグロ」を一品と決めて伝える場合、「うちは本当にうまいマグロが食べられるんですよ！」と言ってみないと、お客様はマグロが嫌いだということもわからないまま会話をすることになります。嫌いだということがわかってはじめて、「では好きな魚はありますか？」という質問で別メニューを提案できるのです。

反響を上げるには、お話できたすべてのお客様に「あなたのお店の一品」を必ず伝えましょう。そこがスタートです。

5 その会話！ つながってますか？

◉そんなに説明しても伝わらないもの

先ほどの場所の説明でもあったように、自分が思っているほどお客様には伝わっていないものです。多くの場合、表面的な会話でなんとなく話が終わってしまっています。重要なのは、会話の中で小さな一致点を探っていくことです。お店の場所は、本当にわかっているのか？　この人はうちの○○にどの程度惹かれているのか？　といったことです。そこで一つひとつ確認を取ることが重要です。

飲食店の接客でも、メニューを復唱しますと言って読み上げていきますが、ここでお客様にはわかってくれているという一致点が生まれます。

訪問の場でも同じことで、質問して返ってきた答えに確認を取ることで一致点を作り、共感してもらうことができるのです。

◉確認をしっかり取ること

では具体的にどう確認を取るかというと、私の訪問集客では集客のための一品を徹底的に伝えることがテーマになっています。ズバリ、「○○（看板メニュー）はお好きですか？」と聞きます。たとえば海鮮居酒屋なら、「お魚はお好きですか？」という質問から入り、確認を取りましょう。「好きだ」と言ってくれたお客様にはそのまま「よかった！　うちの魚は○○産で……」と一品を伝えることができます。こうすることでお客様との会話になります。当たり前のことですが、時間に制限のあるような場合や、お客様との関係がわかりづらい場では、できないものです。初対面の方と話をするのが苦手とおっしゃる方は特にこの会話のやり取りを苦手とするケースが多いものです。相手の質問に対して答えていくという流れを作って、会話をリードしましょう。

「嫌いだ」とおっしゃる方には、どんな魚が嫌いなのかを聞きましょう。たとえば、「生臭いのが嫌い」とおっしゃる方には、「どこで食べたお魚か」と尋ねて、「スーパーで買った」と言われたら、「鮮度がいいお魚は生臭くない」と伝えることができます。場合によっては、「魚全般をまったく食べないし、食べる気もない」とおっしゃる方がいるかもしれません。そんな時は、うちのお店では満足できない方なのかもしれないと考え、100人のうち1人～2人は「魚をまったく食べない」という事実を体感できます。

自ら得た情報は、体に染みつき、今後の販促の企画の際、具体的なデータとして本当に役立ちます。このように確認を取りながら進めることで自分自身が確信を持ちながらお客

相手の反応に合わせるトークの例

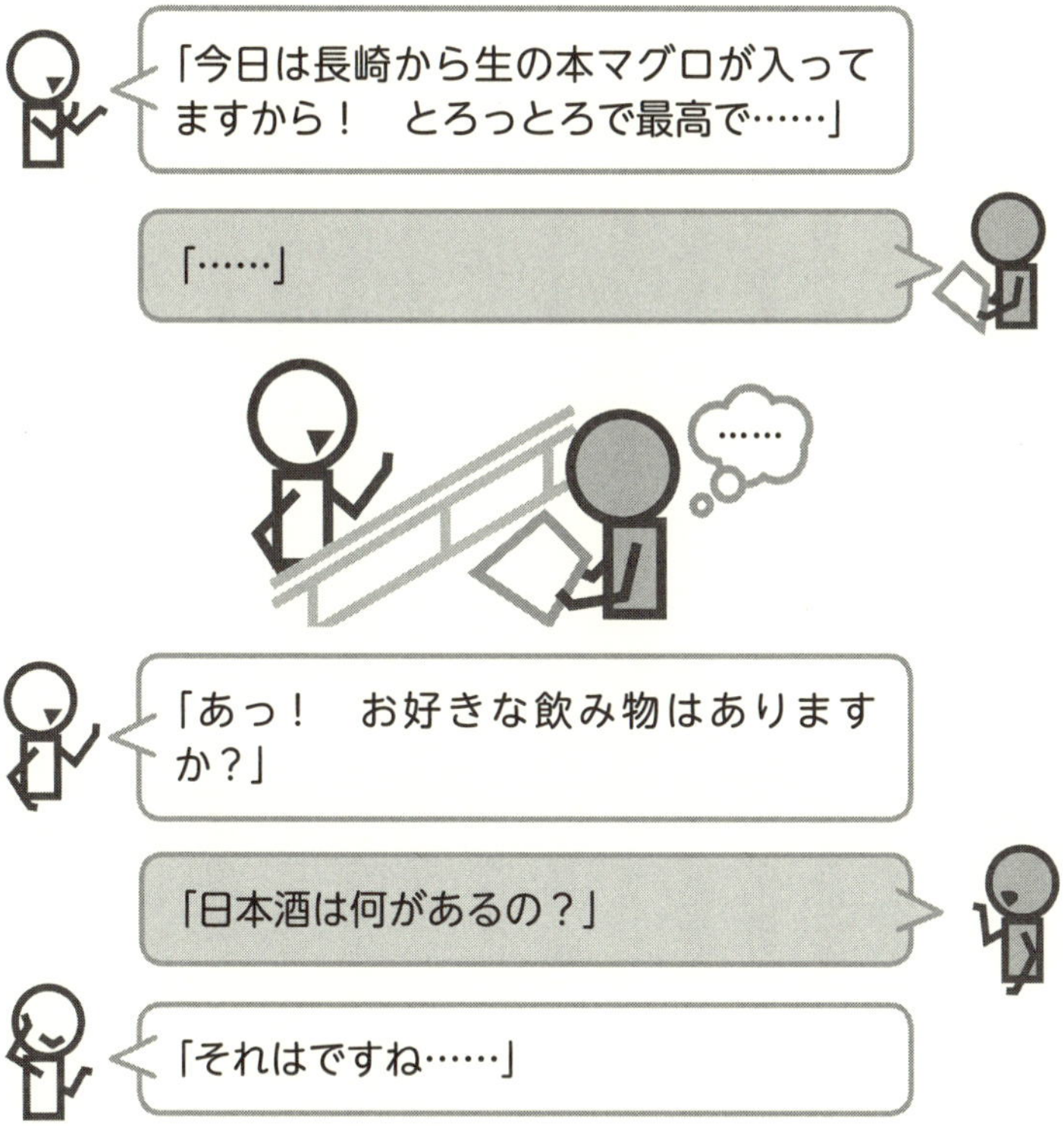
「今日は長崎から生の本マグロが入ってますから！　とろっとろで最高で……」

「……」

……

「あっ！　お好きな飲み物はありますか？」

「日本酒は何があるの？」

「それはですね……」


相手の表情や目線を見ながら会話をすることで、お客様にストレスを与えず興味のあることを引き出していくことがポイント。自分がうまく話しているという自己満足から抜け出そう。

様と会話をすることができます。そうしてひとつも無駄のない販促になるのです。

◉相手のハテナを観察する

確認を取りながら進めることが当たり前になってくると、お客様の反応がよく見えるようになってきます。「反応がよく見える」とは、表情やしぐさからお客様がどこに疑問を持っているのかを感じ取るということです。「○○産」という言葉を聞いてピンと来ていないときには、じっとチラシを見たままだったり、相槌がなかったりと、不自然な動作になります。こういった反応を見極められるようになったら、仮説を立てて会話を切り替えましょう。

たとえば「生のマグロ」について説明しているときに、ドリンクメニューの部分をじっと見ているようなら、「お好きなドリンクはありますか?」と質問することで会話が広がっていきます。「日本酒は置いている?」とおっしゃった方には、「ありますよ! 八海山はお好きですか? うちのトロトロのマグロとの相性が抜群なんです」というように、一品につなげていきましょう。お客様の「はてな」を探りながら、一番伝わる方法はどうすればいいだろうと考えながら説明するのです。ここまでできれば、店内での接客力も格段に上がり、あなたのファンができるようになっているでしょう。

6 余韻を残す!!

お客様が再来店しない一番の理由は、「忘れられること」と、1章でお伝えしました。と思います。ほとんどのお客様は、接客や料理が気に入らなかったから再来店しないのではなく、単に忘れているのです。

訪問に関しても、訪問したことを忘れられないことが重要です。

そのために効果的な方法は「余韻を残す」ということです。

余韻とは「音の鳴り終わったのちに、かすかに残る響き。また、音が消えたのちも、なお耳に残る響き。余音。事が終わったあとも残る風情や味わい」という意味ですが、訪問集客に置き換えると、「訪問後に残る帰り際の言動やしぐさ」と言えます。どんな状況でも、去り際のひと言で人の印象は格段にアップするものですよね。

具体的には、どうすればいいでしょうか?

◉帰る振りして振り返る

体はドアを出るような動きをしながら、ひと言声をかけることによって、不意を突かれた感じになり、相手の印象に残りやすくなります。刑事コロンボが、一度容疑者の家を出た後に、「ひとつ忘れてました」とドアを開けるシーンを観たことがあるでしょうか？コロンボは、相手の不意を突くことで本心を探り出そうとしています。そんな刑事コロンボのようなイメージでやってみてください。印象に残ります。

◉一品を最後に押し込む

ドアを出る間際に「うちのマグロだけは食べに来てください」とひと言伝えることで、その商品を強く印象づけることができます。覚えてもらいたいことは、お店の商品です。最後にひとつの商品を伝えることで、来店に直結するほどの強い印象を与えることができます。

◉お待ちしております

当たり前のことですが、「ありがとうございます」で終わるよりも「お待ちしております」というほうが印象に残りやすく、さらには「時間があれば今日でもお待ちしていますよ」と言い残して帰ったほうが、反響は高まります。

「いきなり今日というのは失礼かな？」と思う方も多いでしょうが、意外にも「そうだな。行けたら行くよ」という反応が多いので、ぜひ実践してみてください。

ここが、反響を高める大きなポイントです。

退出時のトーク例

「忙しいところありがとうございました」

「わざわざご苦労様。また皆に言っとくよ！」

「ありがとうございます。では失礼しました」

「はいはい」

振り返りざまに
「あっ!　生の本マグロ食べに来てくださいね!　待ってますから!」

「わかった　わかった」(笑)

「よかったら、今日にでも待ってますよ！」

「はいはい。考えとくよ」

「はい。ではマグロ食べに来てください。失礼しました！」

帰った後の事務所内での会話
「近くにマグロのおいしい店があるらしいよ」

「へー。今度行ってみる？　私、マグロ好きなのよね！」


帰った後の事務所内の会話を想像することが重要です。毎日、同じ事務所で働いている方にとっては飲食店が来ることが珍しく、自分たちの生活を楽しむための貴重な情報源のひとつになります。

7 3回！ どう切り返す？

訪問先によっては、断られたり、流されてろくに話ができないといった状況は少なくありません。しかし、それが本当に断られているのかどうかはわかりません。「時間とられそう」や「よくわからない」といった印象を与えてしまうと断られる確率が上がるのは確かですが、初対面の相手にすぐに本心を明かす方が少ないのも事実です。実は興味があるのに、興味がないかのようなそぶりを見せる方が半数を占めるのです。

もし、訪問しても断られるばかりで話ができないという方は、この半数の本心に気づいていないはずです。では、どうやって相手の本心を引き出せばいいのでしょうか？ 簡単なことですが、明るく質問して会話を切り返すことで、本心を引き出すことができます。

具体的には、なぜ断ってるのかを推測し、仮説を立てて切り返すことで相手への関心を持った質問ができ、相手と共感することができます。断る相手の気持ちを理解しようとする姿勢が相手の共感を生み、断る相手の理由を見極めることにつながります。

◉断る相手の理由を見極める

お客様が断る理由はさまざまですが、大きく3つに分けられます。

①「本当に忙しくて仕事以外に割く時間がない」「会社全体で断るように決まっているので、受け取ると仕事の障害になる」＝本当に断っている

②「よくわからないので断っておこう」「営業マンが苦手」「面倒が増えるのが嫌なので関わらない」＝特に理由なく断っている

③「飲食店・外食にまったく興味がない」＝健康上の理由で食事制限が必要など

それぞれに対して、どう切り返していけばいいでしょうか。

①の「忙しい」場合は、見た印象や雰囲気で、ある程度判断がつきます。たとえば、「奥のほうで電話が鳴っている」「後ろを窺いながら走って出てきた」「来客用にお茶の準備をしている」など、相手の様子を見ていればすぐにわかることが多く、単にタイミングの問題です。相手の態度から忙しそうだと感じたら、「忙しそうなので改めたほうがいいですか?」と質問し、チラシだけ渡してすぐに帰れば、不快感を与えずに次の訪問につなげることができます。

こういったケースは、訪問の機会を改めさえすれば、断られることのない相手です。

「会社全体で断るように決まっている」といった決まりがある場合はどうでしょうか。

私の場合、「チラシ1枚も受け取れない」とおっしゃる方には、「では、○○屋といいますので名前だけでも憶えておいてください。生マグロがおいしいので個人的にでも寄ってください」と伝えるところまではしています。自分のできる範囲のＰＲだけして、あなたの邪魔はしませんよ！　という切り返し方です。

問題は②の理由なく断っている場合です。

この場合、ほとんど話を聞かずに断られるなど、勝手に相手のイメージだけで判断されています。ですから、相手の言葉を鵜呑みにして「わかりました」と言ってしまうと、メリットがまったく伝わらず、もったいない結果に終わってしまいます。まずは、断る相手の本心を見極めなければなりません。

そのためには、訪問の理由を再度伝えてスパッと質問で切り返すことが必要です。

飲食店に興味がないのかどうかを聞き、クーポンなどがあるなら、それを持ってきたという相手のメリットを復唱しましょう。「こんなにお得なのに何で断っているんだろう？ちゃんと伝わってないんじゃないかな？　教えてあげないとこの方は損することになるな」という気持ちで、明るく相手のためになることを伝えていると考えれば、自然に明るく切り返しができます。

このように切り返すことで、立地や時間帯にもよりますが、８割以上は断られることがなくなります。

繰り返しますが、①の「本当に忙しい」が1割、③の「本当に飲食店に興味がない・健康上の理由で外食できない」も1割、残る8割の方は、「特に理由なく断っている」からです。

③の「飲食店・外食にまったく興味がない方」で、たとえば健康上の理由で食事制限が必要な方については、訪問時に理由なく断っているように感じられますが、切り返した後に出てくるのが相手の本心です。「実は少し前に、病気で入院して……」と話してくれたら、どんな食材がダメかを聞いてみましょう。対応できないなら「残念です」と潔く終えて、できればどなたかにチラシを渡してほしいと話を振ることです。

ただ、ひとつ言えるのは、こういう方がいて「集客にも限界点がある」ということを知ることができるのも、自ら訪問してこそなのです。店にいるだけではこういった会話をすることはほとんどないわけですから、貴重な経験と言えるでしょう。

◉チャンスは多くて3回

とにかく切り返せば反応がよくなる、というわけではありません。

タイミングや聞く姿勢もありますが、的外れな質問や相手の話を受けて返していない場合、相手の印象がよくなることはありません。切り返しは多くて三度まででしょう。

それ以上になると、意味のわからない返答をしてしまったり、話がズレて「わからないやつだ」という印象になるからです。しかし、3回チャンスがあれば何とかなるものです。相手の言葉の表面だけを捉えることなく、心の奥の真意を尋ねてみましょう。

◉切り返しは相手に関わって聴くこと

切り返しというと、言い負かしたり、スピードの速い会話を思い浮かべる人がいるかもしれませんが、私の言う切り返しとは、「相手に関わって聴く」ということです。関わるというのは、相手の状況・気持ちを会話や態度から探り、仮説を立てて質問することです。「私のことをわかってくれているな」と感じてもらえる質問をすることで、会話が広がる可能性が高まります。

具体的には、月末に訪問して「忙しい」と言われたら、「やっぱり、月末は忙しいですか?」と仮説を立てて質問します。すると「そうなんですよ！　この時期は忙しくて飲み会どころじゃないんだよ……来週からちょっとましになるから、チラシだけでももらっておくよ」と相手が話し出してくれます。

このように、相手に関心を持って質問することが切り返しです。

切り返しのトーク例

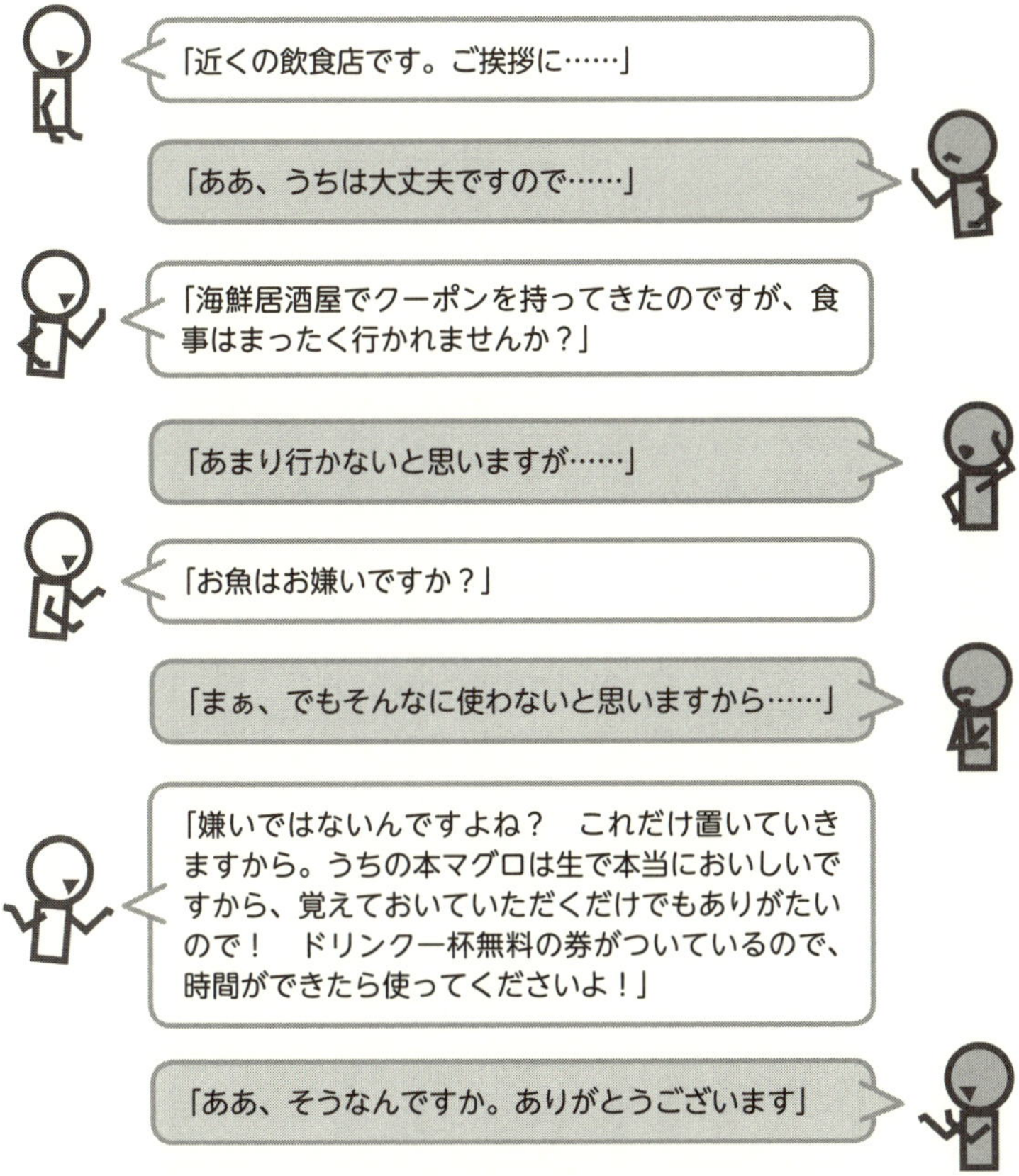
「近くの飲食店です。ご挨拶に……」

「ああ、うちは大丈夫ですので……」

「海鮮居酒屋でクーポンを持ってきたのですが、食事はまったく行かれませんか？」

「あまり行かないと思いますが……」

「お魚はお嫌いですか？」

「まぁ、でもそんなに使わないと思いますから……」

「嫌いではないんですよね？　これだけ置いていきますから。うちの本マグロは生で本当においしいですから、覚えておいていただくだけでもありがたいので！　ドリンク一杯無料の券がついているので、時間ができたら使ってくださいよ！」

「ああ、そうなんですか。ありがとうございます」

とにかくわからないことを質問してみましょう。
相手に興味がないと質問は生まれませんので
「相手に関わって聴く」という姿勢を身につけてください。

8 相手のタイプは？

◉受付の女性

企業を訪問すると、対応してくれるのは受付の女性となることが多いでしょう。法人単位の団体客がほしい場合には、受付の方より幹事と話したいという方が少なくありませんが、まずは目の前の受付の女性に「行きたいと思わせる」ことが重要です。一足飛びに幹事さんを捕まえられたら手っ取り早いのですが、目の前の人を説得できないようなら、上の方とお話ししても結果は一緒です。

また、女性のほうがいろんなお店を知っていて、忘年会など会社の食事会の際も「幹事は女性」というケースも多いので、受付の女性だからといって軽く見てはいけません。

特に乗りのいい受付の女性に対しては、「幹事をされることはありませんか？」と聞くと「たまにやることはあります」とおっしゃる方も多くいます。

その人に向けて「何がお好きですか？」などと会話を進めましょう。

◉若い営業マン

いつもは会社にいないものの、たまにお会いする機会があるのが若い営業マンです。会話が上手で積極的に質問をしてきてくれるタイプが多いので、こちらからするとうれしいお客様です。

聞きたいことは自ら聞いてきてくれるので、しっかり受け答えをして、しっかり話を聞くことで、行きやすいお店だという印象を与えることができます。外食することも多いと考えられるので、よく行くお店を聞くなどして仲よくなることを前提にして話を進めてください。相手のノリがよければ、「予定空いてたら、今日にでも来てくださいよ！」と押してみると、意外に笑って考えてくれるものです。

◉年配の男性

それなりに地位があって部下も多いような方の場合、幹事を紹介していただけることがあるので、丁寧に礼儀正しく接しましょう。また、相手が話し好きな方なら、しっかり相槌を打ちながら話を聞くことで、「この部署は、月に1回は飲み会がある」などの情報を教えてくれることもあります。「かわいがられること」と「教えてもらう」という姿勢で話をするとうまくいきます。

◉おとなしめの方

こちらが話しかけても「はぁ」と頷くだけで話してくれないという方も、中にはいらっしゃいます。このような方の場合、話をするのが苦手なので、「はい」か「いいえ」で答えられる質問をテンポよく投げかけていきましょう。「外食はされますか？」「会社の皆さんで食事に行かれることはありますか？」といった質問です。

何度か答えているうちに、話が滑らかになる方もいらっしゃいます。そこで徐々に「どんなところに食べに行かれますか？」と話が広がる質問に切り替えることで、会話にも広がりが生まれます。このようなタイプの方は、店に来たことがあっても自分からは言い出さないことが多く、しっかり聞いてみると意外とよく来られている方だったということも少なくありません。

こちらから質問し、会話をリードすることで相手も話しやすくなります。

受付の女性とのトーク例

「こんにちは。近くで飲食店をやっている大須賀といいますが、特典付きのチラシをお配りさせていただければと思い伺ったのですが……」

「ではお預かりさせていただきます」

「うちは○○がおいしいので、ぜひ食べに来てください!!」

業務的な対応

「では、係りの者に渡しておきます」

「失礼ですが、○○はお好きですか？」

「わたしですか？　好きですよ」

「よかった、うれしいです!!　では一度、会社帰りに寄ってくださいよ!!　私ほとんど店にいますので、よかったら感想を聞かせてください!!」

「そんなにおいしいんですか？　今度うちの部署で集まりがあるのですが、8名程度で個室とかあります？」

9 クレームをもらったらどうする？

前項では、相手に関わって聴くということをお伝えしました。業務的なマニュアルトークではなく、「聴く」という姿勢を徹底することによって、あなたと相手との関係は深まります。業務上の役割で訪問して話しているだけなら、あなたはいわば「モノ」に過ぎませんが、「聴く」を徹底することで、あなた自信の「ヒト」の観点が入ります。この観点が入るからこそ、個性やオリジナリティがお客様に伝わります。

これはクレームをいただいた時にも当てはまります。よく聞きもせずに流したり、そらしたり、勝手に判断したりという対応を取ると二度と来店していただけることはない、というのは皆さんも心当たりがあるのではないでしょうか？

◉ときにはクレームをいただくことも

訪問集客の最中に、クレームをいただくことがたまにあります。

この時、謝って終わりという対応を取る方もいらっしゃいますが、私は逆にチャンスだと捉えます。クレームとは「お客様の期待」が明確に表われる機会ですから、それを解決すれば、より深いお客様になっていただけるのです。

「クレーム」というといやなイメージになりますが「本心を教えてくれた」と受け止めると、自分の中からどんどん質問が出てきます。ここでも「相手に関わって聴く」という姿勢を大事にしてください。

たとえば、お客様の対応がおかしく、怒っているような印象を受けることがあります。お客様からはなかなか言いづらいものですので、こちらから「うちのお店で何かありましたか?」と質問します。たいていの場合、「もういいよ。あんたに言ってもしょうがないし……」といったような反応です。そこですかさず「そんなことありません。私も知らなければ不安なので教えてください。何かあったのならできる限り直すようにしますので、ぜひ教えてください」と最後まで聴くのです。

そうすると、お客様はたまっているモヤモヤを吐き出すことができるので、それだけでまた来店していただける可能性が高まります。

さらにこの「お客さまの声」は精一杯売上を上げようと考えているお店の店長・スタッフには、さらに売上を上げるためのサービスの改善点が具体的に見つかるので、聴かないということはお店が発展しないということになります。ですので必ず「徹底的に聴く」を実践してください。対応できるかどうかは聞いた後のことなので、まずはお客様から教えてもらうという姿勢を大事にして訪問しましょう。結果、日頃は聞けないお客様の心理に迫ることができますし、ミーティング時のいい題材になります。

◉とことん意向を聴く

「聴く」ことは、何もクレームに限った話ではありません。

お客様の意向を聴くことで、自分の中のデータベースにためておくことができます。自分では考えもつかなかったお客様の好きな料理やお店の選び方・その人の習慣や日常の知恵など、会って話したすべての人からいただくことができます。

たとえば、餃子専門店の訪問集客で「ニンニク料理の後は、リンゴを絞って飲めば臭いが消える」という話を聞いて試してみたところ、本当に臭いがましになった、という例があります。こういった有益な情報を店内での接客中に伝えれば、来店頻度も上がるでしょう。活用次第では、利益につながる情報がお客様の目線で手に入るので「とことん聴く」という姿勢を持っていれば訪問の度に自らに知恵がついていきます。

お客様が不満をもらしたときのトーク例

「うちのお店を知っていただいてますか？」

「○○屋さん？」

「ご存じですか？」

「もういいから……」

「何かありました？」

「いや、ちょっと前にいろいろな」

「何かあったなら、教えてください!!」

「いいことじゃないから、べつにいいよ」

「聞かないと気がすみませんし、このまま帰れません！」

「実は、昔ビールをこぼされたことがあってな……」


「聴く」という姿勢からお客様の本心に迫ることができます。どれだけのお客様と「本心や本音」で関わっているかで日頃の接客やお客様の気持ち・ニーズに近づくことができます。

10
お客様を虜にして「ありがとう!」をもらおう!!

◉特別感を伝えよう

訪問集客で成果を出すには、義務感よりも、「売りたい」「食べてほしい」「目の前のこの人と仲よくなりたい」という自分自身の気持ちが重要になってきます。

どんな人にも「好み」があって、訪問して話が弾んだお客様には特別な感情が湧くものです。これは当たり前のことで、お客様が自分を受け入れてくれたということを自分が感じ取ったからです。これと同じように、お客様も自分を受け入れてくれたということが「特別感」として残ります。具体的に言えば、「あなただけに特別に」という特典やサービスをつけてあげることで、来店していただける可能性がグンと上がります。

特典をつける際には、ただ配るだけではなく、特別感に対しての行動でサービスをつけてあげることが重要です。お客様はお金を払う分、私たちよりも真剣な場合が多いので、「誰にでもやっていること」と軽く考えていると、見透かされてしまいます。「相手に来てもらいたい気持ち」を持って接するようにしましょう。その気持ちで「特典・サービス」をつけるともっと効果を出すことができます。

◉定期的に何度も訪問しよう

「自分自身の売りたい気持ち」を一度で相手に伝えるのは簡単ではありません。ただし、何度も訪問すると、自然とお客様からそのように評価していただくことができます。

一度目は、チラシだけ渡して終わり。反応もあまりよくなかった。二度目に訪問すると、「また来たか」と思われているんじゃないかというそっけない反応……というパターンで、訪問をやめてしまう方は多くいらっしゃいます。ここが訪問集客の成否を分けるポイントで、私自身の体験からいうと、三度目の訪問が一番重要です。

というのも、三度目に行くと、なぜか「いつもありがとう」という対応に変わるのです。おそらく、三度目となるとお客様の中で「訪問してくるのが当たり前」となって、「売りつけられるのではないか」「長く話をしなければいけない」という不信感や不安感が消えているのでしょう。

さらに三度も訪問すると先ほどの「特別感」が当たり前に感じてもらえるようになります。ですので、必ず三度は訪問するようにしましょう。

私自身、三度は断られても訪問すると決めています。三度行ってだめなら、効率が悪いので別のところに訪問しようと考えます。

可能です。

◉相手のためになる情報を与えよう

「特別感」は、お客様にとってためになる情報を与えることでも感じていただくことが可能です。

たとえば、足が悪い方に関しては、座敷よりも掘りごたつが喜ばれます。チラシに掲載している情報だとしても、口頭で教えてあげることでより具体的なイメージを持ってもらうことができます。お店側の人間は当たり前にわかっていることですが、お客様は見たこともないお店を想像しないといけませんので、丁寧に説明しないと伝わらないものです。このような当たり前の情報でも、足の悪い人にとっては「掘りごたつのある店」は特別なお店になるのです。

また、「宴会コースで10品以上ついて飲み放題込の4000円のコース」を作ったとします。しかし、お得かどうか、お客様にはよくわかりません。どんなにチラシにうまく掲載したとしても、「お得そうだな」というレベルに留まります。その時に、「うちで一番お得なコースはこれです。10品ついてこの値段で出すのはこの時期のこの特別コースだけですから、絶対お得ですよ！」と教えてあげることでお客様からは喜ばれます。どれが本当にお得かはお店の人の口から聞くのが一番です。相手の状況に応じて、お店をお得に快適に使える方法を教えるというのも「特別感」なのです。

特別感を与えるトーク例

「お世話になります！　すぐ向かいの○○屋です。今月も、特典つきのチラシを持ってきました！」

「いつもありがとうございます！」

「最近ごぶさたですよね！　こないだリニューアルしたところで、掘りごたつの席ができたんですよ。30名様くらいまでいけますから、会社でまた使ってください」

「あっそうなんですか！　ちょうどよかった。来週の金曜は空いてます？」

「確認します……あっ、空いてますよ！　コースですか？」

「1人4000円で飲み放題つけられる？」

「では、Bコースにつけておきます。ほんとはもう少しいただいてるんですけど、いつも使っていただいているので特別にしておきます」

「よかった！　ありがとう！　どこにするか迷ってたのよ！　助かったわ。じゃ20人でお願い！」

「わかりました。ありがとうございます！」

ただ配る・ただ会話するだけではなく、その人に応じて会話をすることで、相手に「特別感」を与えることができます。「あなたに来てほしい」という気持ちを前面に出して会話をしましょう。

6章

とはいっても
断られることも……
対処法があれば怖くない!!

1 お客様は忙しい……けれどやれることはある!!

◉お客様の「忙しい」を理解する

訪問先のお客様は、何かの仕事に従事していて忙しいものです。今日中に仕上げなければいけない書類があったり、来客の準備に追われていたりとさまざまです。

かといって、仕事以外のことをまったく考えていないかというと、そうではありません。会社の懇親会があったり、若い社員のモチベーションを上げるために上司が飲みに連れて行ったり、事務の女性社員はランチでおいしいものを食べることが午後からの仕事の活力になったりします。飲食店はこうした役割を担っているからこそ成り立っている業界なのです。

その両方の考え方を理解することで、お会いできたお客様の状況に応じた的確な対応ができるようになります。

◉「忙しい」への対処法を考える

「忙しい！」「業務中ですので……」というのは定番の断り文句ですが、その言葉の真意を探ることが重要です。

すでにお伝えしたように、「飲食店を必要としている」のが8割方の会社に当てはまるという仮説で考えてみると、本当に断られる可能性は多くて2割程度です。2割の人にしても、外食する機会がゼロとは考えにくいものでしょう。そうなると、断られることはほぼなくなる、と言えます。

何度も書きますが、誰でも「奪われること」が嫌いです。特に時間・お金を奪われることに対して警戒心を抱くので、話している相手がどのように感じているかという真意を探ることが必要です。お客様の発する「忙しい」の裏にある真意をイメージして切り返しましょう。

◉受け入れた上で、切り返す

ここから、よくあるシチュエーション別に具体的な切り返しの仕方を紹介していきます。

前にも述べたように、切り返しとは「受け入れたうえで、相手に投げかけること」です。

まずは相手の「忙しい」を受け入れるということを理解して切り返しましょう。

2 どこに伺えばいいかわからない……

◉入り口がわからない

訪問集客にチャレンジしようとしている方から、「銀行やスーパーなどはどうやって入っていいのかわからない」という声が多く寄せられます。

特に銀行の場合、営業中の窓口は忙しそうだし、15時以降は窓口が閉まっているので訪問できないと思っている方が多いのですが、必ず裏口にインターホンがあります。15時以降はそちらから訪問します。スーパーや大型の施設は、必ず事務所がありますので店員さんに声をかけて教えてもらいましょう。バックヤードの奥に、たいていの場合あります。

◉電話が置いてあるだけ

受付に電話があり、担当者・部署を呼び出すスタイルの法人は少なくありません。特にビルテナントの場合、かなりの確率で電話が置かれています。

このような場合は、総務部にかけてみましょう。たいていの場合は、出てきてくれます。

総務がない場合、業務部や郵便・納品用の窓口がないかを探し、出てきてもらいやすい部署を探します。特になければ一番上の内線番号にかけて用件を伝えてください。

中には、「そこに置いといてもらえますか」と言われることもあるのですが、そのときには丁寧にお礼をして置いて帰りましょう。

◉接客中で、訪問する隙がない

接客中の方への訪問は控えるようにしましょう。美容室などを訪問する場合は、外から見てひとり手が空いているようなら、その人に声をかけて用件と商品を伝えて手短に終わらせます。相手が喜んでくれたり、話ができそうであれば、接客の邪魔にならない程度の声でお勧めしましょう。くれぐれも無理やり話し込むようなことがないように気をつけてください。話している間、気づかずに来客が後ろで待っているという場合もあるので、常に後ろに気を配って進めてください。

POINT

自分は飲食店のもので、他の押し売り営業とは違うということをわかってもらえるよう、ゆっくり話す。無理に出てきてもらおうとせず、受付の電話に出た方にひと言、看板メニューを伝える。

3 結構です!!

あなた「○○の大須賀と申します。本日は……」
お客様「結構です」
あなた「あの、居酒屋なんですけど、チラシだけ持ってきたのですが……」
お客様「あっそうなの、じゃあチラシだけもらうわ!」
あなた「ありがとうございますっ!」

◉「結構です」は8割勘違い

「うちは結構です」と言うのは、何をしに来たかが伝わっていない、「飲食店がチラシを持って挨拶に来た」という事実が伝わっていないことがほとんどです。お客様の具体的なイメージでいうと、「また何かの営業マンが来たのでめんどうだな」や「話をすると長くなりそうだから断っておこう」「うちとは関係なさそうだから関わらないでおこう」「またよくわからない営業だろう」といった感じで、飲食店であることが伝わっていないということが大きな理由です。

自分が誰で、何をしに来たのかということを再度伝えましょう。

◉素直に聞いてみる

飲食店ということは伝わっているのに「結構です」と言われた場合、「何が結構なのか」を素直に聞いてみましょう。わからないまま続けていると、自信をなくして切り返しができなくなるので、相手の断っている理由を探ることが必要です。

具体的には仮説を立てて聞いてみます。「外食されることはありませんか？」などと質問することで断る理由がはっきりします。

◉はっきりさせる

断っている理由をはっきりさせることで、「外食はしない」とおっしゃる方には「会社の中で使われそうな方はいませんか」と次の質問ができます。それでもいらないという方には、無理に来てもらう必要はありません。内容を伝えないうちに断られていては進展しませんが、相手の断っている理由がわかれば納得して次のお客様に対応できるのです。

POINT

「なぜ断っているか？」を聴く。ここをはっきりさせることで、訪問の不安が軽減。

4 忙しい!!

あなた「近くの居酒屋なんですが、チラシだけ持って来ました」
お客様「忙しいので……」
あなた「では改めて伺いますっ！　夕方くらいのほうがご都合よろしいですか？」
お客様「そうですね、責任者も帰っていると思いますので……」
あなた「では今日の夕方5時くらいに伺います」

◉相手に合わせる

こちらは訪問している側なので、お客様の都合に合わせる必要があります。忙しそうなら、こちらも急ぎ気味の対応をしましょう。

お客様に気を遣っているということがわかるくらい大げさにしないと、相手には伝わりません。コンビニで並んでいる時に、急ぎ素振りもなくゆっくりとレジを打っている店員さんがいたら、「こっちの気持ちも考えてくれよ～」とイライラしてしまうものですよね。

相手に合わせるということは、相手の気持ちを考えて行動に移すことです。

◉いったん受け入れる

先ほども述べたように、「忙しい」という言葉を一度受け入れて切り返しましょう。忙しそうでなくて「断り文句だな」と思ったとしても、言葉通り一度受け入れて対応します。具体的には「改めて伺います」と、時間をずらしてまた来ますよという切り返しや、「チケットだけ置いていきます」など時間がかからないといったニュアンスの切り返しをします。接する時間が短くて会話がほぼないとしても、好印象で終わることができ次の訪問につながります。

◉都合のいい時間を聞いてみる

時間に余裕がある場合や、年末の忘年会シーズンなど単価が大きい場合は「何時頃伺えばご迷惑にならないですか？」と次回のアポイントを取るように進めるのもひとつの方法です。見込みが高い場合は、具体的に次回訪問の約束を取りつけることも考えましょう。

POINT

急いでいる姿を相手に見せて、安心してもらう。都合のいい時間を尋ねて、あらためて訪問する。

5 流される・話を聞かない!!

あなた「居酒屋ですが、お得なチラシだけお持ちしました」
お客様「はぁ、では見ておきますので……」
あなた「ありがとうございます。あまり食事はされませんか？」
お客様「まぁ、たまに……」
あなた「行かれるときは、会社の方とですか？」
お客様「何人かでタイミングが合えば……」
あなた「週末が多いですか？」
お客様「そうですね。どちらかといえば週末ですね。どこの居酒屋ですか？」

◉流される理由を読み取る

特に反応もなく、断るわけでもなく、チラシだけ受け取ってくれるというパターンは半数以上を占めます。何を話したらいいのかわからない、自分にはあまり関係ないと思っている、そんなケースです。

相手の反応がわからないと、どう動けばいいかわかりにくいものですが、とにかく質問して反応を引き出すようにしましょう。質問することで、「お酒が飲めない」だったり「飲食店にはあまり行かないのでよくわからない」など、流されている理由が見えてきます。

◉団体としてではなく「本人」の意向に突っ込んで質問する

相手にイメージが湧いていない場合は、本人の意向に迫りましょう。

餃子専門店なら「餃子はお好きですか?」や「外食はされますか」といったような、その人自身が考えるような質問をすることで、相手もイメージが湧き、興味を持ってくれます。

常に1対1で会話をするように心がけることで、これまで外食の機会が多くなかった方も、新たに集客することができます。

POINT

自店のメニューをイメージできる質問をする。仮に、よく飲みに行く人にチラシを渡してもらう場合でも、目の前の人に納得してもらえなければ、適当に扱われる。

6 いらない‼ 嫌い‼

あなた「近くの韓国料理屋なんですが……」
お客様「辛いものは嫌いだから……」
あなた「そうなんですか、残念ですね。ちなみにピリッとくるだけでもダメなんですか？」
お客様「多少はいけるけど、韓国料理ってめっちゃ辛いんじゃないの？」
あなた「辛くないメニューもありますし、そもそも、そんなに辛くもないですよ。すごく辛いものもありますが、人気メニューはピリ辛くらいで抑えることもできますし、十分食べられますよ」
お客様「そうなんだ、めちゃめちゃ辛いと思ってました。一度チャレンジしてみようかな！」

◉何がいらないのか？　嫌いなのか？

看板商品や一品を伝えるときに、「いらない‼」「嫌い‼」という声をいただくことがあります。伝える商品を絞り込んでいるので、嫌いな人がいても仕方がないのですが、こちらとしては少し戸惑ってしまいます。そういう時、たいていの方はサラッと流して他の商品をお勧めするものですが、私の場合は「その商品のどんなところが嫌いなのか？」「どんなところがいらないのか？」を聞き出す努力をします。

飲食店では、同じ商品はほとんどないといえます。もちろん外注の商品で他店でもほとんど同じものが食べられるといった場合もあるでしょうが、人気があって自信のあるメニューの多くは、自社オリジナルメニューで味つけも工夫されている場合がほとんどです。もしも嫌いと言われても、一度食べていただかなければ本当に嫌いなのかどうかはわかりません。まずは嫌いとおっしゃる方が、その商品のどういったところが嫌いなのかを尋ねましょう。

◉どういうところが嫌いなのか？

たとえば韓国料理なら、「辛い」ということが嫌いな理由であることが多いのですが、「辛い」というのは相手の勝手なイメージであって、「うちの韓国料理」について言っているわけではありません。現に韓国料理の中には、辛くないメニューもあります。

ですから「辛いから嫌い」とおっしゃる相手にはしっかりと「辛くないメニューもある」ことを伝えなければいけません。そのためには、相手がどんな辛さが嫌いなのかを把握しなければなりません。少しでも唐辛子が入ったものがダメなら、まったく入っていない料理を勧めることで解決しますし、少量なら大丈夫とおっしゃる方には特別に辛さを控えめにしたメニューを提案することができます。

もちろん、辛さが売りの商品ばかりなら無理に押す必要はありませんが、店内の接客時に、マニュアル通りでなく、自分自身の感性でお客様の好み別にメニューを提案されている方ならイメージが湧くと思います。

◉こちらが流さないこと

「嫌い」と言うお客様には、スタートから嫌われているので、突っ込んで進めにくいことでしょう。たいていの場合、「ああそうなんですね」と言って自分で勝手に流してしまうことも多いと思いますが、負けずに突っ込んで聞いてみることです。

ストレートに「なんで嫌いなんですか？」と聞いても構いませんが、「そうおっしゃる方もいらっしゃいます。やっぱり中に入っている唐辛子がダメなんですか？」と相手の話に乗りながら話を進めると効果的です。

私自身、いろいろ試しながら訪問集客をしてきたことで、駆け引きが少しずつわかってきましたし、「この方は、意外と食べず嫌いなんじゃないかな？」と会話の流れでわかることもあります。そんな時には「聞いてみた甲斐があったな！」と自分をほめたくなります。

好きの反対は嫌いではなく「無関心」ですから、「嫌い」の奥にあるその人の真意を引き出しましょう。私たちが考えてもみなかった理由があるかもしれません。

また、嫌いとおっしゃる方がためしに食べに来てくれた結果、実際にはおいしく食べることができたというケースがあれば、チラシやトークで使って、同様のお客様をさらに集めることができます。

可能性を上げるように、流さず突っ込んで引き出すように進めましょう。

POINT

何が嫌いで、どの程度嫌いなのかを聞き出すことで、次の提案の可能性を広げる。

7

高い!!

あなた「向かいの○○屋です。新しいメニューができましたので、また来てください！」
お客様「おたくのところ高いよ！」
あなた「高いですか……。いつもはどういうところに行かれるのですか？」
お客様「立ち飲みで、駅前のお店とか……」
あなた「あっ、そうなんですか。勉強しに行ってみます。うちは使っていただいたことありますか？」
お客様「いや、まだだけど……」
あなた「では、高いかどうか一度試してみてくださいよ！　いつも行かれる立ち飲み屋さんでは、いくらぐらい使ってますか？」
お客様「3000円くらいかな……」
あなた「うちも3000円ならしっかり飲んで楽しめますよ！　特にうちのお造り盛り合わせはボリュームがすごいので安いと感じていただけると……」

◉何に対して高いのか?

私がお会いした中で、高いとおっしゃる方の多くは、口の達者な営業マンというイメージです。本当に高いと思っているわけではなく「かま」をかけて安くならないかと窺っている方や、反応を楽しんでいる方が多くいらっしゃいました。

これは、こちらを嫌っているわけではなく、会話を楽しもうとしておっしゃっていることで、「キツいことおっしゃいますね」と切り返すと「冗談だよ」と返ってくる場合もあります。

このような時は「どこと比べて高いのか」「何に対して高いのか」を聞いてみましょう。しっかり答えてくれる場合は、多くのお店に食べに行っている可能性が高いので、他店の情報を教えてもらえます。答えられない場合は「冗談で言っている」と考えて、ガンガンお勧めしましょう。

◉どういう意味の「高い」?

「高い」にもいろいろな意味合いがあります。たとえば、お造りの場合。自分の店では「天然もの」を使っているのに、「冷凍もの」と比べられていたり、なんとなく店構えが高そうと考えられていたり、たいてい理由があります。

そんな微妙なニュアンスをしっかり聞きながら、どのような意味で高いとおっしゃっているのかを判断していきます。

具体的には「何が高かったですか？」や「よく行かれるお店と比べて高いですか？」と質問することで、話が深まります。

◉「高い」と言われたらチャンス！

深く話ができるということは、関係が深まっているということなので、自店の商品を納得させることさえできれば、ご来店の可能性はどんどん高まります。

「高い‼」とおっしゃる方は基本的に、私たちに興味のあるお客様だと捉えることができます。相手のほうから興味を持ってくれているので、こちらとしてはチャンスなのです。高い理由をどんどん聞いて商品をお勧めしましょう。

どこの飲食店も、他店との価格競争に巻き込まれてしまうということはありますが、値づけが安ければその分原価も安いのです。安いというだけで味もそこそこのものを食べるより、本当においしいものを適正価格で食べるということが幸せな方も多くいらっしゃいます。高いとおっしゃる方に対しては、しっかりと商品の価値を伝えることができるチャンスなのです。

POINT
高いと言われた場合も、どこと比べて何が高いのかをはっきりさせよう。

8 考えておきます……

お客様「考えておきます」
あなた「ありがとうございます！　考えていただけるということは、ちょっとは興味ありますか？」
お客様「まあ、近くだしね……」
あなた「どのあたりに興味持っていただけてますか？」
お客様「焼酎が多いので。目新しいやつも置いてるし……」
あなた「焼酎がお好きなんですか？　ちなみにどの銘柄がお好きですか？」

◉何を考えるのか？

「考えておきます」という返答も非常に多いのですが、大きく3つに分けられます。

①自分は興味がないが、とにかく同僚・上司のところに持っていこう
②自分も興味はあるが、まずは同僚・上司のところに持っていこう

③近々の食事会があるのでみんなに聞いてみよう

この3つのうち、どのパターンに入るのかを聞き出しましょう。

①の場合、本人が他の方に渡すので想像することしかできません。

②の場合、本人に少しでもメニューのことを伝えることで、興味を掻き立てることができる可能性があります。

③の場合、名刺を渡して特別感を与えることで、来店に結びつきやすくなります。と判断することができます。

②のパターンだと考える場合は、「◎◎はお好きですか？」と質問できますし、③の場合は、「会社で食事会などされることはありますか？」と質問して探りを入れることができます。③の場合は、話している本人が乗り気じゃなければ可能性は少なくなるので、まずは②のパターンを想像して進めてみましょう。

本人が行きたいなと思う→誰とどんな時に行こう？　→同僚に聞いてみよう。

という思考がめぐっていると私は考えます。

「考えておきます」で終わらせずに、本人の意向を突っ込んで聞いてみましょう。

●見込みはあるのか？

①のパターンの人でも、チラシを見ているうちに興味が湧いてきた、となる可能性があ

ります。「興味を持っていただいてるのか」を聞くことで、もう一度チラシに目を落としてくれる可能性もあります。

自分で勝手に判断するのではなく、一度、話している相手に聞いてみましょう。それによって、どの程度見込みがあるのかを判断することができ、次の質問につながります。こちらが本音に近いところで質問をすれば、相手も本音を話してくれます。

自分の聞き方次第で大きく変わるのです。

POINT

どの程度興味があるのかを、具体的質問ではっきりさせよう。

9 対応が悪かったよ!!

お客様「こないだ料理が出てくるのがすごく遅かったよ」
あなた「そうでしたか……失礼しました。何日くらい前でしたか?」
お客様「先週の水曜日だったたと思うけど」
あなた「あっ! じゃあ僕がいないときですね……どんな子が対応しました?」
お客様「若い男の子でまじめそうだったけどね……」
あなた「ありがとうございます。不快な思いさせてすいません。できるだけ直すようにします。もっとがんばりますので、できればまた使ってください。成長した姿をお見せしますので!」

◉状況を細かく聞く

お客様のもとを訪問すると、相手の方は本音を言いやすくなっています。サッカーでいうところのホーム&アウェーの状態、お客様がホームで私たちがアウェーなのです。人数もたいていの場合、相手のお客様のほうが多く、私たちはせいぜい多くて3人くらいです。お客様からするとクレームを言う絶好のチャンスなわけです。

普段はなかなか聞けないちょっとしたことを聞くことができる状況なのですから、私たちにとってもチャンス。あえて1人で行くと、「あんまり言いたくないんだけど……」と耳打ちしてくれることも少なくありません。店に来るときは、他のお客さんもいるので気を遣ってくれているのです。

もしもクレームが出たときには、チャンスだと思って細かく聞き出してください。いつ頃のことか？　誰が？　どんなことをして嫌な思いをしたのか？　細かく聞くほど、相手は吐き出すことができてスッキリします。すぐに解決できる問題なら、その場で約束して帰ることで、信頼関係は深まります。

◉クレームはチャンス

ところで、クレームがないお店というのは、いいお店でしょうか？

前の章でもお伝えしたように、私は「期待されていないお店」だと考えます。お客様からクレームが出るということは、私たちのお店のことを考えてくれているということです。嫌なことがあれば来なければいいだけなのに、わざわざ考えて私たちに教えてくれようとしているのですから。

流されたり、無関心で対応されるより、ずいぶんうれしいことなのです。営業内容をよくして売上を作りたい・お客様に支持されたいと考えている方なら、真剣に耳を傾けるでしょう。店に来られるお客様だけを相手にしていては、巡り会えないチャンスなのです。

◉クレームを活かす

もし、クレームをいただいたにもかかわらず改善しなければ、その方が来店したときに裏切ることになってしまいます。

いただいたクレームが「商品の提供スピードが遅い」であれば、事前に時間がかかる旨を説明したり、スピードメニューの注文を促したりと、どんどんお店に生かしていきましょう。そうすることで地域のお客様の中で認められ、お客様に支持され、お金をいただくことができます。この上ない接客改善のチャンスなのです。

POINT

願ってもないチャンスと捉えて、全部聞いてしまおう。クレームはお客様からの期待。

7章

店の周りを理解しよう!!

1 オフィス街は最高の集客施設!!

駅前で、昼の人口の多いビジネス街と言われる地域には、飲食店が立ち並ぶ区画があります。

オフィス街で訪問集客すべきところは、①大企業の自社ビル、②支店など事業所がひしめくビルテナント、③アパレルや美容室などのショップの3つに分けられます。

地域によってはさらに細分化されたり、大型の商業施設が入っている場合もありますが、オフィス街では、まずこの3つを押さえましょう。

①企業の自社ビル

大企業の自社ビルが近隣にある場合、その企業の従業員の方がすでにあなたのお店に来店している可能性があります。これまでいただいた名刺などを見直して、以前来てくださった方のお名前や部署名を押さえましょう。たいていの場合、ビル入り口を入るとロビーがあって、受付の方がいます。基本的にアポなしでは入れてくれないので、挨拶に来た経緯を話しましょう。一番いいのは、総務部など窓口になる部署の方の名刺があるなら、名指しでつないでもらいます。断られる場合もありますが、「いつもお世話になっているので、サービスチケット付のチラシを皆さんで使っていただきたくて……」と話をすると、総務部で受け取ってもらえる可能性があります。

この時、チラシを惜しまずたくさん渡しましょう。

たとえば20部署ほどある会社だとすると、1部署に10人前後いると仮定して、最低でも200人以上の方が在籍していることになります。5人のうち1人にチラシが行き渡るようにするなら、最低40枚は必要です。どっさりと大目に余るぐらいの感覚で渡したほうが、受け取った方も配りやすいものです。

こうした大きな会社には、定期的に訪問することをお勧めします。コンスタントに配りに行って親しくお話しできる社員の方ができると、どのくらいの部署があるかを教えてくれたり、社員食堂にチラシを置いてくれるようになったりするからです。

②店など事業所がひしめくビルテナント

一番効率的で、即来店の可能性が高いのはこのビルテナントです。

なんといっても短時間で多くの会社を訪問することができるので、ちょうど今日、明日行く飲食店を探しているという会社に巡り合えます。

小規模の会社・事業所が集まっているので、決定権のある方に会う可能性が高く、回れば回るだけ反響の出るところと言えます。

基本的には、一番上の階から順番に訪問してください。上から降りてくるほうが気分的に楽ですし、階段がある場合にはスピーディーに次の階に移れます。

③アパレルや美容室などのショップ

ショップ関係も押さえておきましょう。

たいていの場合、訪問集客するのは平日の会社の営業時間なので、ショップにはあまりお客様が入っていない時間になります。

そもそも同じような接客業の方なので、身近に感じることができますし、お客様のいない時間帯なら会話の弾みやすい方々です。しかも、ショップ店員さんなら平日の遅い時間帯の来店が見込めるので、ピークの時間帯や曜日から外れた時間に反響が出る、非常にありがたいお客様となります。いつも自分が使っているような美容室やアパレルショップなので、訪問時の心理的抵抗感が少ないのもメリットです。店をのぞいて接客中でなければ、必ず訪問するようにしましょう。

アパレル、美容室のほかに押さえておきたいのは、ケータイショップ、不動産屋、ビジネスホテル、カラオケ、アウトドアショップ、お菓子屋、郵便局などです。

2 郊外店は拠点化で紹介の数珠つなぎ!!

ロードサイドなど駅から離れた立地で人口も密集していない地域のお店の場合、訪問する絶対数が少なくなります。ただし、お客様にすれば選ぶ飲食店の絶対数が少ないので、いろいろなお店を知りたいと思っているはずです。

1社1社時間をかけて手間を惜しまずに訪問することで、常連さんになる可能性が高くなります。

◉まずは既存客を振り返ろう

まずは自店の既存客を掘り下げましょう。何度かご来店くださっているお客様のほうが、受け入れてくれる可能性は格段に上がります。地域によってはお茶を出して迎えてくれることもあるほどで、そんな場合にはゆっくりと世間話をしながら、どこの人がよく外食しているとか、あの会社はどこの飲食店によく行くという話を聞きましょう。

この時に歓送迎会や忘年会・新年会は誰がどのようにいつ決めるのかを聞いておいて、タイミングを合わせて訪問すれば、確実に使っていただけるようになります。

また、来店してくださった企業様にお礼の訪問をすると、来店時に不満に感じたことや満足した点を聞くことができて、次回の営業に生かすことができます。

1社1社、急がずゆっくりと関係を作ることができるのが、郊外店のいいところです。

◉紹介してもらおう

私のクライアントの中には、「紹介」でお客様をどんどん広げていっている事例もあります。法人会員になっていただいた社長のところに何度も足を運び、仲のいい社長さんを紹介してもらい、紹介してもらった社長さんに次の社長を紹介してもらい、また次の社長を紹介してもらい……というものです。

このように、周りをどんどん巻き込んで訪問集客を発展させることもできるのです。

3 商店街は地元のつながりで口コミ誘発!!

商店街には、八百屋さんから家具屋さん、電気屋さんなど、昔から地元に住んでいる人たちが集まっています。密な人間関係が築かれているので噂が広がりやすく、1人の方に「いい!」と思っていただければ、いい口コミが広がるものです。

ここで大切なのは、一人ひとりの方と人柄でつながることです。

相手は商店街の商売人たちなのでシビアではありますが、商売の大変さもよくわかっている人たちです。変にカッコつけずに教えてもらうというスタンスで関わりましょう。

◉世間話を大事にしよう

商店街の洋服屋さんで、地元の方数人が椅子に座り込んで話している光景を見かけたことはないでしょうか? 察するに、仲のいいお客さん同士が時間のある時に集まって世間話をしているようです。こういう場に丁寧に挨拶して入っていくと、たいてい、洋服屋の常連さんらしき人のほうから話しかけてくれます。少し気を遣いながら話をすると、「あんたのお店、うちの娘がよく使っているみたいよ!」などと話が膨らみます。

あなたのお店が年配の方が食べに行かないような飲食店だとしても、その方の友達、家族が使ってくれていることがあります。1人の人のつながりを想像して、いろんな方と積極的に会話をしてみましょう。

◉地元の行事を理解しよう

皆さん、地元の行事を知っているでしょうか。

お祭りやサークル活動など、各地域によって、人が集まるイベントがあるはずです。スポーツが好きな方は、地域のスポーツ系のサークルに参加すると、その知り合いから忘年会などの予約をもらえることがあります。現に私のクライアント企業の店長は、常連さんから誘われたバドミントンサークルに参加して、そのサークルの飲み会はすべて自分のお店を使ってもらえるようになりました。

また、地域のお祭りでは、各地区に分かれて太鼓や獅子舞などの練習を定期的に行なっています。地域の行事に積極的に参加しているような方は、人づき合いがよくて外食好きな方が多いので、親しくなると、いろいろな方を連れて来てくれます。

店長さん自らが地域の行事に参加して、関係を作ってみてはいかがでしょうか？

◉何度も訪問しよう

先ほどもお伝えしたように、地元の商店街なら、地域の方が働いていて、そのお店のお客様もご家族も近くに住んでいると考えられます。地元の方が多いのであれば、何度も足を運んで顔なじみになることで、紹介していただける機会が増えることでしょう。「顔なじみになる」ことは非常に重要です。

5章でもお伝えしたように、どんな立地でも、訪問は必ず3回行ないましょう。1回目で反応がよくなかったといって訪問しなくなるパターンが多いのですが、どんなに反応が悪くても3回は訪問してみましょう。実際に、大阪の石橋駅にある商店街では毎月1回の訪問集客が非常に喜ばれていて、チラシの反響の多い地域になりました。

1回目の訪問では接客中ということもあってなかなか話ができず、「ああ、居酒屋さん？　はいはい、じゃあチラシだけもらっときます」と、業態と場所の説明くらいしかできなかったのが、三度目の訪問時に「ああ、いつもありがとう！　娘に渡したら行ったみたいだよ」とか「隣の店の若い子が使っているみたいだね。おいしいみたいだからまた何かあったら使わせてもらうよ」や「ここの2階に持って行った？　けっこう集まって飲みに行くみたいだから、持って行ってみたら？」など、向こうから声をかけてくれるようになったのです。もちろん厳しいことも言われますが、こちらのことを気にかけてくれる方ばかりです。最低三度訪問することで、「がんばっているみたいだね」という印象になって関係が深まりますので、くじけずに訪問してみてください。

4

住宅地はインターホンのひと言で引っ張り込む!!

店の近隣は住宅街で、ファミリーのお客様ばかりという地域では、まず集合施設などを訪問します。そこで思ったような結果が出ない場合には、近隣の住宅を訪問してみましょう。

住宅の訪問の場合、時間帯にもよりますが、「不在」が半数を占めます。詳しく言うと、午前中は在宅率が高く、インターホンで返事があるのが7割。それが午後になると5割以下に下がります。

住宅街では、ポスティングと併用して効率を高めましょう。一軒一軒インターホンを押して説明をし、チラシを入れていくのです。

大阪府北部の豚カツ専門店では、平日の売上をアップさせるために、平日限定の特典をつけたチラシを持って、1ヶ月で1000件の住宅を訪問しました。結果、平日の売上が倍になったそうです。では、実際にどうやるのかをお伝えしましょう。

◉インターホンでひと言

一般住宅のインターホンを押して相手から「は〜い」と返事が返ってきても、インターホンで説明するのはかなり難しいものです。悪徳訪問販売の噂やニュースを見ておられる方も多く、疑った様子で出て来られます。ここで重要なのは、ひと言60秒で伝わるトークを考えておいて、まずそれだけを伝えることです。

この豚カツ店では「去年オープンした、○○前の豚カツ屋です。まだご存知ない方がいらっしゃると思い、お試しチケットをつけたチラシを持ってきましたので、ぜひ食べに来てください。うちの豚カツは鹿児島県産のもち豚を使っていて、箸で切れるくらいやわらかくておいしいんですよ！　チラシをポストに入れさせていただいてもよろしいでしょうか？」と声をかけて回りました。

基本的には、いつものトークと同様に、どこの誰が何をしに来たのかを短く伝え、「箸で切れる」という商品の特徴を短くまとめて伝えます。

この時に大切なのは、業務的な感じにならずに感情を込めて伝えること。自分の母親や知り合いに勧めるように「○○って豚カツ屋知ってる？　ほんとおいしいよ！　食べに行ってみたら？」というニュアンスを意識して話すと、イキイキとした言葉になります。

◉出てきてもらおう

このように訪問件数を増やす方法だけでなく、一人ひとりに徹底的に伝えていく方法もあります。違いはインターホンから出てきてもらうことです。時間はかかりますが、見込みの高いお客様を見極めることができる上、相手の話を深く聴くことができるので、反響率は上がります。この場合、「チラシを持ってきた」と言ってはいけません。これでは「ポストにお願いします」と言われておしまいなので、こう言います。

「こんにちは、去年オープンしました駅前の豚カツ屋の○○です。今回ちょうど開店から3ヶ月目なのでご挨拶回りをさせていただいてまして、お会いできた方には、お試しで300円割引できるチケットをお渡ししています。チケットのお手渡しだけ、構いませんか？」と、「お会いできた方だけの特典」を用意して回ります。名刺の裏に特別な特典を書いて渡すなど、工夫次第ですぐに作ることができます。

「じゃあいらないよ」と言われることもありますが、「じゃあもらうだけもらっときます！」と急いで出てきてくれることもよくあります。このやり方のいいところは、社交的で外食に興味がある人が出てきてくれるので、反応のよいお客様がわかる点にあります。まず出てきてくれた時点で興味のあるお客様なのです。ですので、相手からいろいろ質問してくれるなど、会ってからの話もスムーズです。

まずは「インターホンでひと言」から始めて、徐々に出てきてもらうことに慣れていきましょう。その場で予約がもらえることも少なくありません。

実際に、宅配ピザのお店が昼前に近隣の住宅を訪問して回ったところ、お母さんが「すぐに行けますか？　ちょうど娘が帰ってくる時間だし、そのピザおいしそうだから頼みたいんだけど？」と、財布を持って出てこられました。なんと、訪問2件目でご注文いただきました。

一般住宅への訪問は難しそうに感じられるかもしれませんが、お財布を持った決定権のある方と直に話ができるということは、企業でいうと幹事さんと話ができるようなものです。住宅地が近くにあるなら、ぜひ一度チャレンジしてみてください。

◉家を見て話そう

住宅を訪問する際には、家を見た上でトークを考えると、相手に響くひと言が言えることがあります。

たとえば、洗濯物や自転車に注目することで、「小学生くらいのお子さんがいるんじゃないかな？」という仮説が立ちます。その際、「うちの豚カツ、お子様に人気があるので、記念日なんかにご家族で食べに来てくださいよ！」と具体的なシチュエーションを提案できます。そのほか「小さなお子様がいそうだな」と思ったら「うちは座敷で個室を用意してますので、安心して食べに来ていただけますよ」と、個別に突っ込んで話をすることで来店時のイメージが湧き、反響が上がります。

5 スーパーなど大型施設の窓口はここ!!

あなたのお店がロードサイドに立地しているなら、必ず押さえておきたいのがスーパーマーケットや家電量販店・ショッピングモールなどの大型複合商業施設です。

従業員の人数が格段に多いので、忘年会や歓送迎会シーズンには必ず訪問しましょう。

◉事務所を探す

各売り場にチラシを持って行ったところで、人で溢れ返っていてそれどころではありませんから、まずは事務所を探します。

中の店員さんに用件を伝えて「事務所はどこですか?」と聞くと、案外簡単に教えてもらえます(たいてい関係者用の扉の奥にあります)。

もちろん、忙しい時間帯はチラシを渡すだけになってしまいますが、昼の3時くらいに訪問すると、場合によっては話を聞いていただけます。

実際にこんな例がありました。

ある飲食店の店長が近隣のスーパーを訪問した際、買い物に来ていた自店の常連さんとばったり会いました。そこで話が弾んで、その場で宴会予約をいただけたのです。

定期的に訪問集客をしていると、こういったケースもありますので、自店のお客様を見かけたら声をかけてみましょう。

店の外で会うのは新鮮ですし、「偶然会った」というのは気持ちも高揚し、思わずうれしくなるものです。

6 病院の攻め方あれこれ!!

病院も近くに必ずあるはずですので、探してみましょう。

大型病院だけでなく、ビルのテナントに入っている歯医者や眼科などの小さな医院も含めると、意外に多くあるものです。大きい病院なら、職員用の食堂にチラシを置かせていただくだけでも反響の糸口になります。

ひとつ気をつけなければならないのは、訪問する時間帯です。どの病院も、たいてい患者さんで溢れ返っている場合が多く、声をかけるタイミングが難しいので、夕方など受付が終わった後に訪問しましょう。

◉大型の病院の場合は事務所を探そう

入ると診療受付があり、大きな病院になると総務部もあります。総務部があるなら受付ではなく総務部に行き、なければ受付で事務所の場所を聞きましょう。受付の方ではどう対処していいのかわからないことが多いので、なるべく事務所に伺い、団体利用などの話を振って次回の訪問につなげるのです。

◉小さな病院の場合

たいていどの時間帯に伺っても患者さんがいらっしゃるので、とにかくチラシを渡すことを目的に訪問してみましょう。タイミングがよければ、ちょうど患者さんがいない時もありますので、定期的に伺って患者さんの少ない時間帯を聞くようにしましょう。

患者さんが近くにいる場合は、できる限り聞こえないようにボリュームを落としてチラシを渡してください。受付業務で忙しそうな場合は、チラシだけ渡して帰るようにしましょう。

相手のことを考えず堂々と持っていくと、不謹慎だと感じる方もいますので、「気を遣っていますよ」とわかるくらい大げさに小さめの声で持って行ってください。最低限聞こえる程度の声で構いません。

7 学校・市役所など公共施設もチャレンジ!!

どんな地域にもあるのが、公共施設です。県庁・市役所をはじめとした行政施設から、小学校・中学校・高等学校・幼稚園・大学まで一定の区画ごとに点在しています。そのほか郵便局・警察署・消防署なども同様に考えてよいでしょう。

昨今、セキュリティー面が強化されてはいますが、基本的には私たちは市民であり税金を納めている立場ですから、こちらが誠実に対応すれば、比較的好意的にチラシを受け取ってくれます。

◉県庁・市役所

お店の近くに行政施設があればチャンスです。飲食店にとって、比較的安定した給料で定時に終わる公務員の方は、常連になってくれるとありがたいお客様です。行政施設を訪問したら、まずは総務部に行って用件を伝えましょう。

「○○にある居酒屋の大須賀といいますが、市役所の皆さんに特典付のチラシをお持ちしたのでお配りさせていただいてもよろしいでしょうか?」と確認を取ります。

よくあるのが、「12時～13時の間であれば休憩中なので構わない」というケースや、「許可書を発行しますので、記入していただければ時間限定で持ってきてくれて構いません」など、各県庁・市役所で決まりがあるパターンです。許可をもらえたら、各課に持って行きましょう。多いところでは60部署近くあるので、1回の訪問で広く告知ができます。そしてどの地域でも高反響です。

◉学校にもチャレンジ

学校というと訪問しにくいイメージがあるかもしれませんが、たいていの場合、守衛さんが入り口に詰めていたり、窓口に事務所があります。奥には職員室がありますので、とにかく訪問してみましょう。小中学校・高校で一番多いのは、校門にインターホンが設置されているケースです。インターホンを押して用件を伝えると、職員室か事務所まで来てくださいと話が進みます。あなたのお店が店長やスタッフの地元なら、お店の誰かの母校であることも多く、親しみやすい施設でもあるので、一度は訪問してみましょう。

インターホンがない場合は、事務所を探して訪問します。同様に受け取っていただける可能性が高いので、安心して訪問してみてください。

保育所・幼稚園も同様に訪問できますが、保護者の方が迎えに来る夕方の時間は避けましょう。

8章

ラクに訪問して反響を取るためのマル秘テクニック!!

1 何時に訪問するのが効果的!?

訪問集客に適した時間帯は、基本的には朝の10時から、会社が終わる18時くらいまでですが、より効率的に回るためのポイントがいくつかあります。

◉ランチ営業をやっているなら10時から12時

あなたのお店がランチ営業をしているなら、特に午前中に訪問すると効果的です。

一般的な会社では、出社して掃除や朝の朝礼が終わるのが朝10時くらいの場合が多いので、開始は10時以降にしましょう。会社を訪ねていくと、特に事務員さんはたいてい「ランチはやってますか?」と聞いてきてくれて、「今日のランチにさっそく」と考えている方が多くいらっしゃいます。

「カルツォーネ」という包み焼きピザのお店では、午前中に2人で近隣企業を60件ほど訪問しただけで、その日のランチに行列ができました。思った以上の反響です。

多くの会社では12時前になるとバタバタしだし、12時を過ぎると一斉にランチに出ていきますので、訪問しづらくなります。訪問先の相手は限られた昼の休憩中にランチに行ったり、仮眠をとったりと自由な時間を過ごしたいと思っているので、12時から13時は会社関係の訪問は避けるのがベターです。事務所によっては、社内の方が出て行かれていて鍵が閉まっているということも多いので、ムダ打ちになりかねません。

◉役所は12時～13時までの休憩時間を狙え

前にも書きましたが、市役所は「業務中ですので」と断られることがあります。それを避ける意味でも、12時から13時の休憩時間に訪問するのがお勧めです。実際に、生命保険の営業の方は昼の時間を見計らって市役所内の営業に行っている姿をよく見かけます。この時間帯は館内の電気が落とされているところも多く、業務時間中と断られることもありません。できれば何人かで一気に全部署を訪問したいところです。職員の方も気さくに対応してくれることが多くなります。

◉14時～16時はゴールデンタイム

どんな業種でも訪問しやすい時間帯は、14時～16時です。会社なら、昼が終わってちょうどひと仕事終えたあたりの時間帯ですし、オフィス街にあるショップなら、来店客の少ない時間帯に入ります。商店街にしても、お昼時や夕方に比べると、いくらかお客さんが少なくなっている時間帯です。この14時から16時に合わせてスケジュールを組むと、効率的に訪問しやすくなります。

現在の私のクライアントは、週1回、この時間帯に2名ずつ訪問するように予定を組んでいます。2名以上で一緒にやることがモチベーションの維持につながっているので、仕込みなどの時間をうまく割り振りして、ぜひチャレンジしてみてください。

◉居酒屋は16時～18時が狙い目

あなたのお店が居酒屋で、企業を訪問する場合なら、16時以降をお勧めします。16時以降だと、営業職の方が事務所に帰ってきている可能性が高くなるからです。そもそも、常に外回りをしている営業マンほど、いろいろな方と外食をして情報交換をするために居酒屋を使う機会が多いものです。

そんな方に夕方、「今日これからいかがですか？」と居酒屋の提案をすると、すぐにイメージを湧かせることができるので、即日来店の可能性も上がります。

特に、会社の終業時刻の17時半から18時なら、人が集まっていて、飲み会の予約を決めてもらいやすいというメリットもあります。

私が訪問したときによくあったのが、ごみを捨てに出て行く事務員さんに声をかけて説明すると、いったん戻って幹事さんを連れて来てくれたり、チラシを見ながらみんなでその場で相談を始めるといったことでした。皆さんもうすぐ上がれるので、気が緩んでいるような空気も感じ取れます。

2　オープンなビルを探せ!!

オフィス街のビルを全部回ろうと思うと、何ヶ月もかかってしまい結局回りきれないということもあります。これが、外観から反応のよいビルを見分けることができれば、効率よく集客することができますよね?

私の経験から反応のよいビルのポイントをお伝えします。

◉オープンなビル

反応のよいビルの外観は、ズバリ、ガラス張りのビルです。比較的新しくて、外からガラスが反射しているようなビルは、飲食店の訪問集客時に一番反応してくれるように感じます。おそらく、中からも外が見えるので開放的な気持ちになるということと、そのようなデザインのビルには比較的新しいテナントが多いのではないかと思います。古い会社だと、利用する飲食店が決まっているような場合が多いのですが、比較的新しい会社や最近こちらに支店を出したという会社は、新しい出会いを歓迎しているように感じます。できるだけオープンなビルを見つけ出すことは高反響の近道になります。

◉ビルの色は？

ガラス張りのビルがなかなか見つけられない場合には、ビルの色に注目してみましょう。オフィスビルは大きく分けて白系ビルと黒系のビルにわかれます。8万件以上訪問した実績からいうと、白系のビルのほうが気さくな方が多いように感じられます。

白系のビルは中も白系の壁紙で、心もち広く感じられます。対して、黒系のビルは閉塞感があり、どっしりと重い印象を受けます。結果的に、反応の薄いビルは黒系だったというケースが多くありました。ビルの色に関しては、すべてがそうだというものではなく、私の経験則から言えることとして、あくまでも参考程度にしてください。

◉人の出入りの多いビルを狙え

最後に見ておくべきポイントは、人の出入りが多いかどうかです。

入り口からたくさんの人が出たり入ったりしているビルは、テナントにもよりますが、接客に慣れているので対応が柔らかいのです。「訪問者は基本的にお客様」というスタンスで対応してくれる会社は訪問していて気持ちがよいものです。「誰だかわからないから断っておこう」ということは少なく、こちらがお得な情報を提供できさえすれば、それを受け止めてくれやすい環境にあります。さらに、ちょうど居合わせた来客中のお客様にも勧めてくれる場合もあります。

3 今のお客さんから訪問!!

効率的に訪問し、反響を出すためには、見込みの高い地域を早く見つけ出すことが先決です。反響のよい地域の選び方は前章で述べた通りですが、一番に優先すべきは「今、来店されている既存客」を押さえてしまうことです。

よく「新規客を呼びたい」という依頼を受けますが、既存客も呼べないようでは新規客は呼べません。飲食店の大きな課題は、今来てくださっているお客様を逃さないようにすることです。「既存客は一定数いるから問題ない」とおっしゃる方もいますが、来店頻度はどうでしょうか？　1回しか来店したことのないお客様も、周辺にはたくさんいらっしゃいます。そういった方が再来店しない理由のほとんどは、あなたの店が悪いのではなく、ただ単純に、店のことを忘れているのです。ですから、まずやるべきことは、訴求の仕方を工夫して、思い出してもらえるようにこちらから発信していくことです。

◉店内で交換した名刺を見直す！

今来店されているお客様を知るには、まず店内で交換した名刺を見直すことです。団体利用のお客様から名刺をもらうことが少なくないと思いますが、見返す機会はそう多くはないでしょう。もちろん、ＤＭをマメに出しているなら、その都度見返しているとは思います。しかし、その会社がどのあたりにあって、どのようなルートでお店まで来られているかというところまで知っている方は少ないと思います。

まずは、名刺交換した企業から訪問して、再来店いただけるようにご挨拶に伺いましょう。一度以上の接点があったお客様には、「いつも来ていただいているのでたまにはこちらからも挨拶に伺おうと思いまして……」と切り出すとスムーズに会話ができ、幹事様とお話できる確率も上がります。名刺から場所を割り出し、その周辺を訪問することで、同じようなルートを通ってくる方たちにもお店の存在を伝えることができます。

◉近場の企業から訪問

中には、交換した名刺や顧客情報がないという飲食店の方もいらっしゃるでしょう。名刺交換の必要性がないというお店や、店長が変わってわからなくなってしまったというお店もあります。その際は、ごく近い地域から押さえていきましょう。

具体的には、店の隣から順番に訪問していくことで、意外なほど、すでに来ていただいているお客様を見つけることができます。問題がない限り、５件回れば１件はお客様に会えるでしょう。

◉今のお客様から学び、新しいお客様に伝える

このように、知っている近隣のお客様から訪問していき、ある程度の反響が出るようになってくると、自分のお店のことが見えてきます。特によく来ていただいているお客様には「飲食店は他にもいろいろある中で、なぜうちのお店に来てくれるのですか?」と大真面目に質問してみましょう。

私が訪問集客を実施した餃子専門店では、「帰り道にあるんだけど、いつも店内から活気のいい呼び込みの声が聞こえてくるから、ついつい寄ってしまうんだよ」という答えが返ってきました。これを聞いて呼び込みの大切さを再確認し、時間のある時に交代制で店前の呼び込み時間を長くするようにしました。お客様は大事な答えを教えてくれます。

また「皮のパリッとした食感がクセになって、他の店で食べても何か物足りないんだよな」という声をいただき、訪問集客時に「皮のパリッとした食感がクセになるといって通ってくださっているお客様がいるほどおいしいんですよ!」と具体的にお客様の声を紹介したところ、反響率が上がりました。

このように、自店のお客さまの声を集めると、その後の訪問集客のトークを効果的なものにできるので、少し離れた商圏でも引っ張り込むことができます。「まずは近隣商圏から」が鉄則です。

4 訪問する理由を作れ!!

訪問集客をする際には、「なぜ、この時にうちに来たのか」が明確で、お客様にメリットがあるほど成功します。実際に訪問していると、「なんでわざわざ飲食店がうちに挨拶に来るの？　やっぱり飲食店も大変なのかな？」という〝ハテナ〟が頭に浮かんでいるような状態で出てこられる方がたくさんいらっしゃいます。自分も相手の立場ならそう感じるでしょう。その際に、ひと言目に「今月は1周年記念なので近隣の方にご挨拶を兼ねて……」と枕詞をつけることで「なんだ、そういうことか！」とすっきりした顔で対応していただけます。

このように、「相手にとってわかりやすい訪問の理由」を作って訪問すれば、相手の不信感を取り除き、高反響のポイントになります。3章で「特別感」についてお伝えしましたが、オープン記念やメニュー変更といったことも訪問の大きな理由になります。

そんなこと言われても、「うちにはイベントのようなものはありません」とおっしゃる方は、作ってしまいましょう。小さなことでも訪問の理由を作ることはできるのです。

◉季節を利用する

まず、どの時期でも訪問の理由となるのが「季節」です。

春夏秋冬でメニューは変化しているのに、訪問時のトークは一辺倒というケースはよくあります。まずは旬の食材について話すことで、訪問の理由にしてみましょう。

春なら、「春野菜」などをテーマに考えてみます。餃子専門店なら「今の時期はちょうど春キャベツを使っているので、実は今が一番キャベツの甘みがあって餃子がおいしいときなんですよ」が、この時期に訪問する理由になります。夏なら、「暑くなってきて、今が一番ビールがおいしい時期なので……」が理由になります。

季節の要因を利用すると、なんでもないことが訪問の理由になって、お客様の納得感・安心感が高まるのです。

◉自店のイベントを使う

うちは旬の食材を使っていないし、特に思いつかないという方は、自店のイベントを作ってしまいましょう。年1回は周年イベント、年2回はグランドメニュー変更というように最低3回は訪問の理由を作ることができます。他に11月は忘年会、3月・9月は歓送迎会と組み合わせると、最低6ヶ月分の訪問理由が決まります。さらに「サイコロイベント開催中」など週間のイベントを作れば、常に訪問する理由ができます。

自店のイベントを販促スケジュールに落とし込めば、店内の販促と連動しながら計画を立てていくことができる。

このように年間販促のスケジュールをあらかじめまとめておくことで、販促を割り振ったり、メニュー変更などの時期を決めるなど、季節に応じた販促内容で集客することができる。

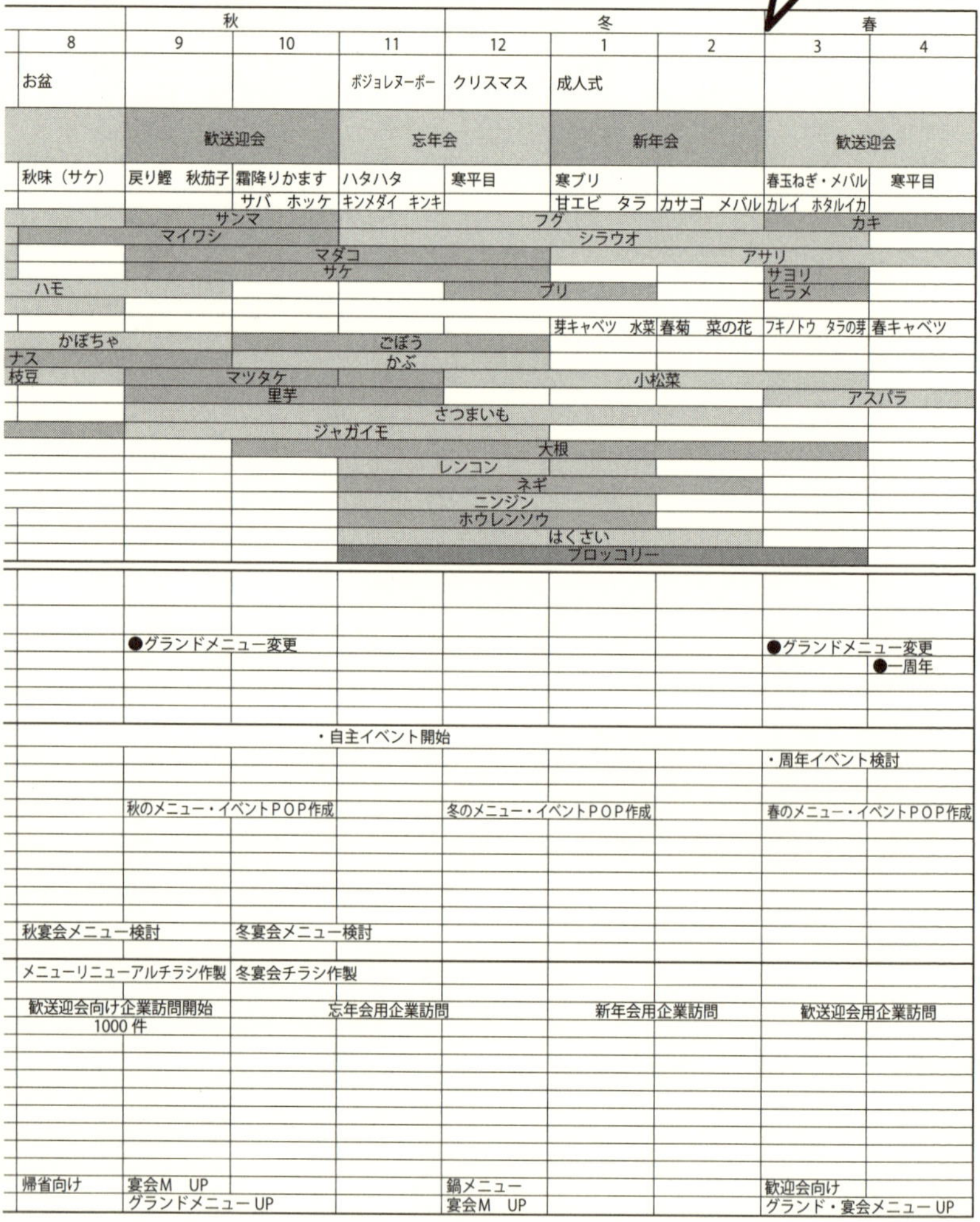

秋
冬
春
8
9
10
11
12
1
2
3
4
お盆
ボジョレヌーボー
クリスマス
成人式
歓送迎会
忘年会
新年会
歓送迎会
秋味（サケ）
戻り鰹　秋茄子
霜降りかます
ハタハタ
寒平目
寒ブリ
春玉ねぎ・メバル
寒平目
サバ　ホッケ
キンメダイ　キンキ
甘エビ　タラ
カサゴ　メバル
カレイ　ホタルイカ
サンマ
フグ
カキ
マイワシ
シラウオ
マダコ
アサリ
サケ
サヨリ
ハモ
ブリ
ヒラメ
芽キャベツ　水菜
春菊　菜の花
フキノトウ　タラの芽
春キャベツ
かぼちゃ
ごぼう
ナス
かぶ
枝豆
マツタケ
小松菜
里芋
アスパラ
さつまいも
ジャガイモ
大根
レンコン
ネギ
ニンジン
ホウレンソウ
はくさい
ブロッコリー
●グランドメニュー変更
●グランドメニュー変更
●一周年
・自主イベント開始
・周年イベント検討
秋のメニュー・イベントPOP作成
冬のメニュー・イベントPOP作成
春のメニュー・イベントPOP作成
秋宴会メニュー検討
冬宴会メニュー検討
メニューリニューアルチラシ作製
冬宴会チラシ作製
歓送迎会向け企業訪問開始
1000件
忘年会用企業訪問
新年会用企業訪問
歓送迎会用企業訪問
帰省向け
宴会M　UP
グランドメニューUP
鍋メニュー
宴会M　UP
歓迎会向け
グランド・宴会メニューUP

年間販促スケジュール

季節	春		夏	
月	4	5	6	7
主なイベント	入学式　花	GW		
	歓迎会			夏休み　同窓会
季節感のある食材	桜鯛　新じゃがいも	初鰹　時知らず（サケ）	新生姜	土用鰻
旬の魚		カワハギ　カンパチ　ヒラマサ	アワビ	コチ　イワガキ
		カツオ		
		あおりイカ	トビウオ	
		キス		
		アジ		
		サワラ		
				アナゴ
旬の野菜	春キャベツ	フキ		
		タケノコ		
		キャベツ		ナス
		サヤエンド		枝豆
		アスパラ		
		ソラマメ		
		ジャガイモ		きゅうり
		にがうり		
				トマト
				オクラ
				とうもろこし
売上目標	600万円			
客数目標	2222人　　74人/日			
店の行事	●22日レセプション			
	●25日OPEN			
店内販促	・週間イベントの徹底　けんだま等			
	・キャッチ			
	店前・ビル入口・御堂筋沿い			
	・POP張り出し夏のメニュー		夏のメニュー・イベントPOP作成	
	（商品別・漁港の演出）			
	・名刺交換の徹底			
	（渡し方→会話内容・ヒアリング）			
	・日替わりメニュー			
	・顧客管理システム			
	・宴会メニュー	夏宴会メニュー検討		
店外販促	・チラシ作製　納期4/10	夏宴会メニューチラシ作成		
	・企業訪問　1000本ノック	継続　月　200件		
	実施日●22日（金）	訪問リスト作成		
	OPEN日　●25日（月）	法人会員検討⇒法人ポイント		
	●26日（火）			
	●27日（水）			
	・朝ビラ　1000枚			
	実施日●22日（金）			
	OPEN日　●25日（月）			
	●26日（火）			
	●27日（水）			
	・ぐるなび	メニューUP　　帰省向		

5 がんばらず、そのまま行ってみる!!

飲食店の方に営業活動についてお話しすると、中には「営業が嫌だから飲食店で働いているのに、何でしないといけないんだ」とおっしゃる方もいます。

そのような場合、私は無理に押しつけることはありません。嫌なら別の方法で集客すればいいのですから、この手法にこだわる必要はありません。

ただ、どんな手法にしても、集客には「商圏の生活者におせっかい的に売り込む」側面があることは否定できません。

ポスティングにしてもDMにしてもホームページにしても、結局、相手の今欲しい情報やこちらの商品のメリット、空間の使いやすさを相手に見合ったレベルで訴求しないことには、当たらないのです。これができないお店は、いつまでたってもただの安売りを繰り返すことになります。

リアルなお客様のイメージをつかむ一番の近道は、訪問集客なのです。相手の生活や欲求が見えれば、結果、集客のイメージが湧くようになります。

やはり、攻めのスタイルがないと集客はできません。

ですので、なるべくなら全員にやっていただきたいと考えます。

そこで営業というスタンス自体を変えるようにします。

営業トーク・応酬話法を事前に作り込み過ぎる必要はなく、いわば「がんばらず」に、まずは訪問してみようというスタンスでいいと思います。商品をひと言伝えてくるだけでも効果はあります。

そうしているうちに、訪問することが苦痛ではなくなっているでしょう。

6 「ちょっと寄りました」の状況を作る!!

近場の会社やショップ関係とは、何らかの関わりがあります。

アルバイトスタッフが通っている美容室、お店の備品を買いに行く文具屋さん、休みの日に食べに来てくれる同業飲食店のスタッフなど、ちょっと考えてみただけでも、いくつもつながりが出てきます。

訪問集客とは、そういうなじみの法人に遊びに行くような感覚で訪ねることが第一で、知らない会社を訪問することがすべてではありません。より多くの新規のお客様と「なじみ」の関係を作ればいいのです。簡単に言うと「友達」になってくることが集客の第一歩です。

ですので、営業に行くと意気込み過ぎるのではなく、「買い物のついでにちょっと寄りました」というニュアンスで顔を出すことも訪問集客だと考えてください。そのうちに相手のほうから、顔を出してくれます。

たとえば、銀行に入金するついでにチラシを持って行く。備品を買いに行った先の文房

具屋さんにチラシを渡す。よくコーヒーを買いに行くコンビニで、ついでにチラシを渡す
――こんな具合に日常の関わりから始めることが一番の訪問集客なのです。

新規の会社に飛び込むのが苦手な方は、このように「ちょっと寄りました」から始めてみましょう。

周りに知り合いが増えるので、日々の生活も充実してきます。

さあ、そこのコンビニから始めましょう！

7 暑いときは暑いと言う

夏場の訪問集客は、アスファルトの照り返しなどで思った以上に大変なものです。中には階段で訪問するようなビルもありますから、汗だくになって息も上がってしまう……そんなこともよくあります。

こんなとき、「ちゃんと営業しなければ！」と意気込んで訪問しても、どうしても疲れが出てしまうものです。ですから、「いやー……暑いですね」と弱音を吐いても構いません。このように感情を出して相手と関わったほうが、本音の会話ができるものです。

先ほどもお伝えしたように、元気いっぱいに回ることだけが集客活動ではありません。重要なのは、本音の会話ができることで、「この人に来てもらいたい」というお客様を見つけてその人と仲よくなって来店してもらうことです。

初めのうちは来てほしいと思える人は少ないかもしれませんが、自分の受け入れの幅が広がるにつれて、どんな人にも来てほしいと思えます。

訪問集客によってお客様と関わることで自分自身の幅が広がり、来てほしいお客様ばかりになってきます。

そんなお客様が集まるお店は雰囲気がよく、お店のスタッフも楽しんで働くことができるでしょう。

自然体でお客様とつき合うことを意識して集客しましょう。

とはいっても、失礼な態度や甘えすぎは禁物です。

8 大げさな相槌で引っ張り込む!!

相手と話をしていてもいまいち盛り上がらず、尻すぼみになってしまうことはないでしょうか？　これは、相槌の打ち方に問題があります。

営業では鉄則ですが、大げさな相槌を意識してやってみてください。驚くほど会話が盛り上がります。ダメな例でよくあるのが「あぁ……」や「そうですか」や「よくわからないので笑ってごまかす」という対応を知らず知らずにやってしまうこと。

このような場合、わかっているのか伝わっているのかがよくわからないため、話のしがいがないという印象を受けますし、よくわからないやつだ、と思われてしまいます。

効果的な相槌の打ち方は、まず第一に感情を出すこと。

「あぁ……」や「そうですか」ではなく、「あっ、そうなんですかっ！」や「へぇ〜、面白いですね！」と小さな「っ」を入れて強調したり、「面白いですね」など自分の感情を伝えることです。

こうすることで相手に「伝わっているな」という印象を与えたり、「興味を持ってくれている」と感じさせることができます。俗に言う「いいリアクション」をマスターすることです。

次に、「理解したことは自分の口で復唱する」ことも重要です。

いくらリアクションがよくても、「ホントに伝わっているのかな?」と思われることもあるので、話を聞いて「そうなんだ」と思ったことがあれば、「こういうことですか?○○……」と、わかったことを自分の言葉で復唱しましょう。

オーダーを取った時に「ご注文を確認させていただきます。……」と言うのと同じことです。これによって「この人はわかってくれているんだな」と思ってもらえるので、話が前に進みます。

よくわからなかった場合には、「どういうことですかね?」と、わからないということを伝えましょう。「よくわからないので笑ってごまかす」というのは、確認を取らずに流してしまうことですので、わからないことを決して隠さず、聞いてみましょう。

このように、お客様と「対話」を交わすことをクセづけていけば、相手の言っていることを取り違えることなく、会話の中で信頼感が生まれます。すべてを理解できるということはあり得ませんので、「わかったこと」や「感じたこと」を大事にしていけば、より多くのお客様のことを理解でき「自分＝お店」の集客をすることができます。

9 本音を引き出すトークの秘密!!

来店してもらうためには、お客様の本音を聞かせてもらうことが必要です。

「実は、来月の飲み会の会場がまだ決まってないの、鶏肉がダメな人がいてなかなかいいところが見つからないのよ」などといったお客様の悩みを打ち明けてもらえると、こちらもうまく提案できます。ではどのようにして、この相手の「実は……」を引き出せばいいのでしょうか?

◉こちらも「実は……」で話してみる

チラシにつけた特典だけ渡して帰るよりも、

「実は……店長やらせていただいていますので、直接私に連絡いただければ、他ではあまり受けてないのですが、料理内容も好みに合わせて変えますよ」と、他ではやってないのですがというニュアンスで話をすれば「あなただけに特別に打ち明けましたよ」という印象を与えることができます。相手に特別感を与えることで関係を近くし、本音を引き出すことができます。

また、「実は……」という枕詞でこちらが秘密を打ち明けたという印象を与えることができれば、相手も自分の本音を言いたくなります。自己開示の返報性という法則があり、自分が打ち明けると相手も打ち明けたくなるものです。あなた自身にも、このような経験はあるのではないでしょうか？

◉お客さんの隣で話せ!!

もうひとつ、相手の正面に立つのではなく、隣に立って話すことを意識しましょう。

私たちが訪問するときは、「商品」を売るために訪問しています。でも、目の前に商品はありません。では商品はどこにあるのでしょうか？

試食サンプルを持って行けるのなら、それを食べていただくことが一番なのですが、持っていけない業種もあるでしょう。

そうなると、一番商品が見えるものはメニュー表や、メニューの入ったチラシです。ここで、自分と相手が向き合って話すのではなく、チラシを2人で見るような立ち位置で話せば、自然と、隣に並んで一緒に選んでいるようなスタイルになります。

隣でチラシを見ながら話していると、本当に自分も一緒に選んでいるような気持ちになって会話が弾みますので、ぜひ試してみてください。

9章

さらに効果を高める訪問集客＋αの販促活用法!!

1 店頭の工夫で、効果倍増!!

これまでは、訪問の仕方からお客様との訪問時の具体的な会話の内容まで、お客様のもとを訪問した時のことをメインに書いてきましたが、さらに効果を上げる販促方法もご紹介します。店頭での告知方法、訪問集客のノウハウを応用してできる販促法をお伝えしていきます。訪問と組み合わせることで、効果は倍増します。ぜひ試してみてください。

訪問集客の効果をさらに高めるためには、お店のファサード（外観）が、「うちの会社にチラシを持って来た人のお店と同じ店」とひと目でわかっていただく必要があります。チラシに外観の写真がデカデカと掲載されているならすぐにピンとくるかもしれませんが、チラシのスペースには限りがあるので、写真を掲載できない場合もあるでしょう。

そのようなときに実践していただきたいファサードの作り方を紹介します。

◉チラシを貼る

たとえば、ガラス張りのお店なら、入り口ドア周辺にこれでもか！　というくらい、配ったチラシを貼ってください。訪問先のお客様が「このチラシ見たことある！」と思って、店前まで見に来てくれます。

◉ポスターを作る

同様に拡大したチラシをポスターのように貼って、遠くからでもひと目でわかるようにしましょう。デカデカとポスターが貼ってあれば、あなたが訪問した会社の方でなくても、目に飛び込んできて気になるはずです。

◉法人会員を使う

法人会員という仕組みを利用すれば、集客から固定客化までつなげることができます。法人様限定で来店のたびにサービスを受けられる仕組みを作っておいて、企業単位で会員になってもらいます。この仕組みにすることで、毎回訪問する理由を作ることができるので、会話のとっかかりができ、その後の親密度も増していきます（詳しくは227ページ）。

2 店頭呼び込みで、効果的に連動!!

訪問集客を実施した直後には、同じチラシを使って店頭で呼び込みをしましょう。実際にやってみると、「今日、会社でもらいましたよ！　気になってたんです。ここだったんですね！」とあらかじめチラシを見てくれた方が通る可能性があります。訪問集客実施日の週の来店率は、呼び込みだけをした時に比べて1・5倍近くに上がります。

その際、店前でただビラを配るような呼び込みでは、人件費と時間の無駄ですので、効果的な呼び込みの流れをご紹介します。

①声をかける対象を明確にする

自店のメイン客層をターゲットにして、店を探しながら歩いている人たちに声をかけます。店を探している方の特徴は、きょろきょろと看板を見ながらゆっくりと歩いている複数人の方々で、目的の店がある人とは明らかに動きや態度が違います。

このような方には、必ず声をかけましょう。

呼び込みするのは、看板の横で「ここに海鮮の居酒屋がある」ということが歩いている人に伝わるような場所。こういったチラシを配布しましょう。

②呼び込み用のA3サイズの案内チラシを使い、大きめの声で業態のアピールする

③店を探しているような複数で歩いている人に声をかける

大きな声で呼び込みをしながら店を探している人を探し、見つかれば、個別に声をかけます。呼び込み用のチラシを見せながら、斜め45度の角度まで早めに歩み寄りましょう。進行方向を半分ふさぐようなイメージで、歩きながら「お食事は決まってますか？」などと声をかけます。

20時以降で明らかに食事をした後の方（顔が赤くなっているなど）には、「2軒目いかがですか？　今空いてますよ！」と、その人の用途を想定した上でお声掛けしてください。

④少しでも目線が動いたり反応した方には近寄って質問し、会話する

反応があった方には、「居酒屋探してますか？」「食事は終わりましたか？」「どんなお店を探してますか？」「鍋もご用意してますよ？　いかがですか？」と質問。

⑤具体的商品を伝えて引っ張り込む

続いて、「ビールは飲まれますか？　一杯299円ですよ？」「おでん・串カツ99円からありますよ！」「産地直送の魚がめちゃくちゃおいしいので、食べてみてください」、このように商品を提案してください。食べたい気分のものとマッチさせることができれば、そのまま店に食べに来てくれる可能性が上がります。

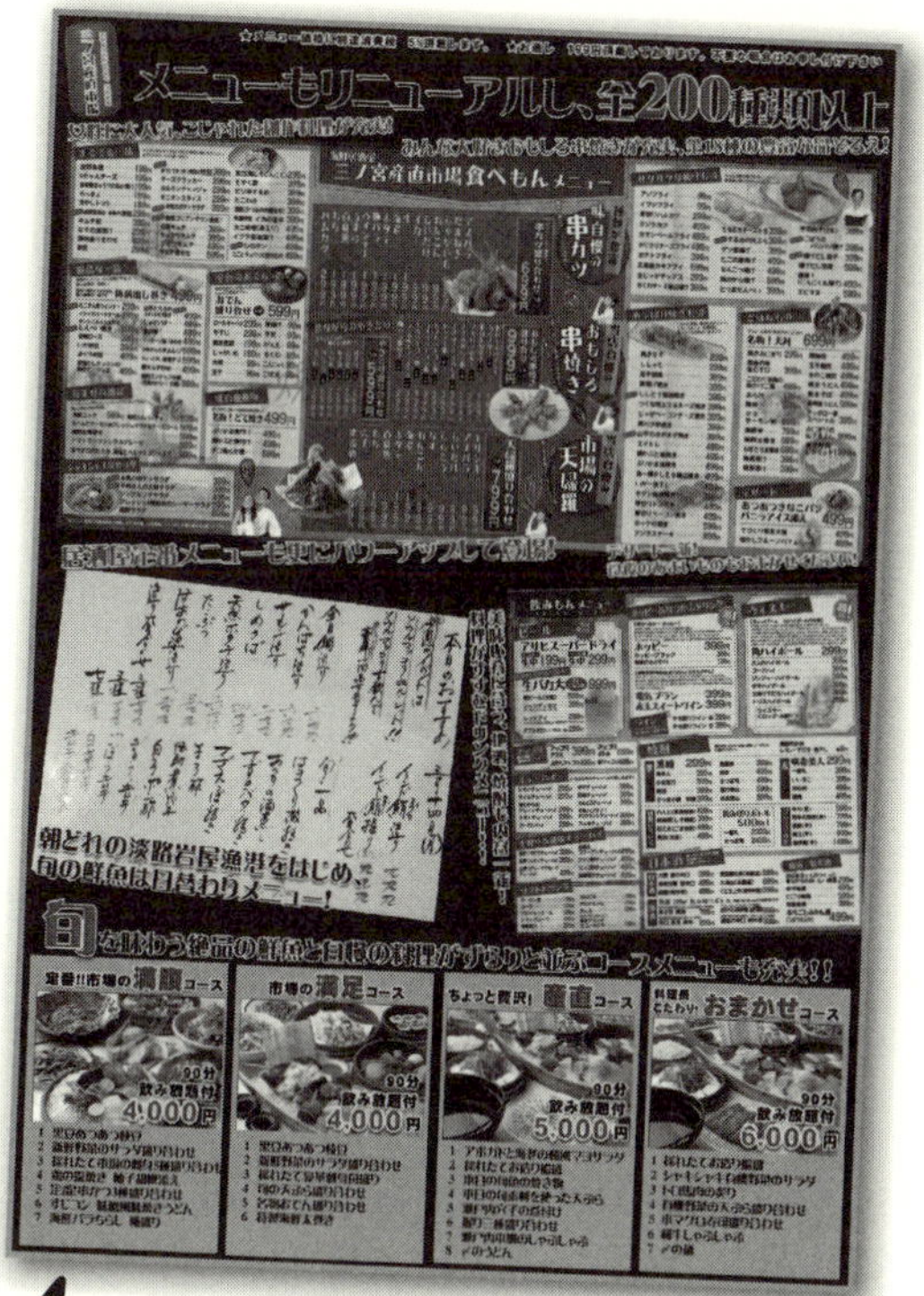

呼び込み用は、Ａ３サイズ以上で、写真がたくさん掲載されているものを使う。
店舗用のチラシを拡大コピーして、Ａ３の固めのカードケースに入れて使うのも効果的。
例▶「いらっしゃーい！　天然もののお魚がうまい大須賀屋！　魚のうまい海鮮居酒屋です」と大きな声で、周囲を見ながら声を出しましょう。

3 期間限定特典の訪問集客

より高い反響を狙いたいなら、期間限定のフェアと組み合わせることをお勧めします。

たとえば、オープン記念や半年記念にドリンクを使った還元フェアを打つとします。そのフェアを訪問集客によって告知することで、フェア期間中に来店されるお客様の反響を獲ることができます。「今週いっぱいは中ジョッキが99円です」など具体的に大きな割引をつけたチラシで訪問します。チラシにはさらに、フェア期間以外にも使える同様のクーポンをつけておけば、期間中に来られないお客様をも集客できます。

さらに同じチラシを折込チラシとして使えば、訪問集客では押さえきれないマンションのお客様にも同時に訴求することができます。幅広い層のお客様を押さえ、配布枚数も商圏に合わせて増減できることで、瞬間的な集客を狙うことができます。

このように期間限定のフェア特典と、さらに別の時期に使えるクーポンを組み合わせると、フェア期間中に来店されたお客様にクーポンを切り取って渡すことができて、相乗効果が生まれます。60万円以上のクーポンの返りがあった例も少なくありません。

「Open」「半年記念」といった文字を大きく打ち出し、フェア期間も明記したチラシ。訪問時のトークでフェア内容を伝えれば、効果大!!

◉何度も使える特典で再来店

利用率の高いクーポンを2枚以上つけておくと、クーポンを使う癖がついてくるので、ためておいて何度も使ってくれるようになります。期限が切れる直前に駆け込みで持って来られる方も増え、訪問集客からリピートへ大きくつながっていきます。

この時、クーポンが切れる前に新しいクーポンを持って訪問することで、さらに来店率が上がります。今あるクーポンが切れたら使おうと考えるお客様が多いので、定期的に訪問する理由ができ、お客様にとってもうれしい訪問になっていくのです。

4 回数券販売を盛り込み、即売上に!!

訪問集客とは、こちらから伺う攻めの販促です。

同様のやり方で、「販売する」ことも可能です。

大阪大学吹田キャンパス内の学生食堂では、店前に特設コーナーを作って回数券を販売しています。空いた時間で回数券の内容の入ったチラシを配り、回数券の認知度を上げ、どんどん販売しているのです。

訪問集客をしていると、お客様の表情を見ながら相手に合った説明ができるようになるので、販売することも得意になります。

この学生食堂はカレーが一番商品で、1日最高1000食を売っています。たまたま売れているのではなく、カレー用回数券を販売し、さらにカレーの日、カツカレーの日と曜日ごとに割安で販売し、それが1日1000食につながっているのです。

回数券販売はそのカレーの出数を増やす販売促進の手法として機能しています。

◉回数券販売で告知しながら売上げアップ

店前で回数券を販売すると、人がたくさん集まってきます。それが「何をやっているんだろう?」と思わせる看板の役目をはたし、お店の集客装置になります。さらに回数券を買った方は割安でカレーを食べることができるので、できる限りうちのお店で食事をしてくれます。

私自身がクライアントに成り代わって販売していますが、1日で最高25万円分の回数券を売り上げることができるなど、売上に大きく貢献できます。

◉販売しながらヒアリング

訪問集客同様に、対面接客をしていると販売時に会話が生まれます。「週2回以上は食べに来てますよ!」と言っていただいたり、「歩いて15分以上かかるんですが、ここのカレーが食べたくて歩いて来てしまいます」など、どこからどのようなお客さんが食べに来られているのかがわかります。さらに、学生ではなく近所の家族連れも食べに来ているということや、タクシーの運転手の間で評判になっていることなど、お客様のことが回数券の販売から見えてきます。

やはり、対面接客で売ることが販売促進のスタートであると実感できます。

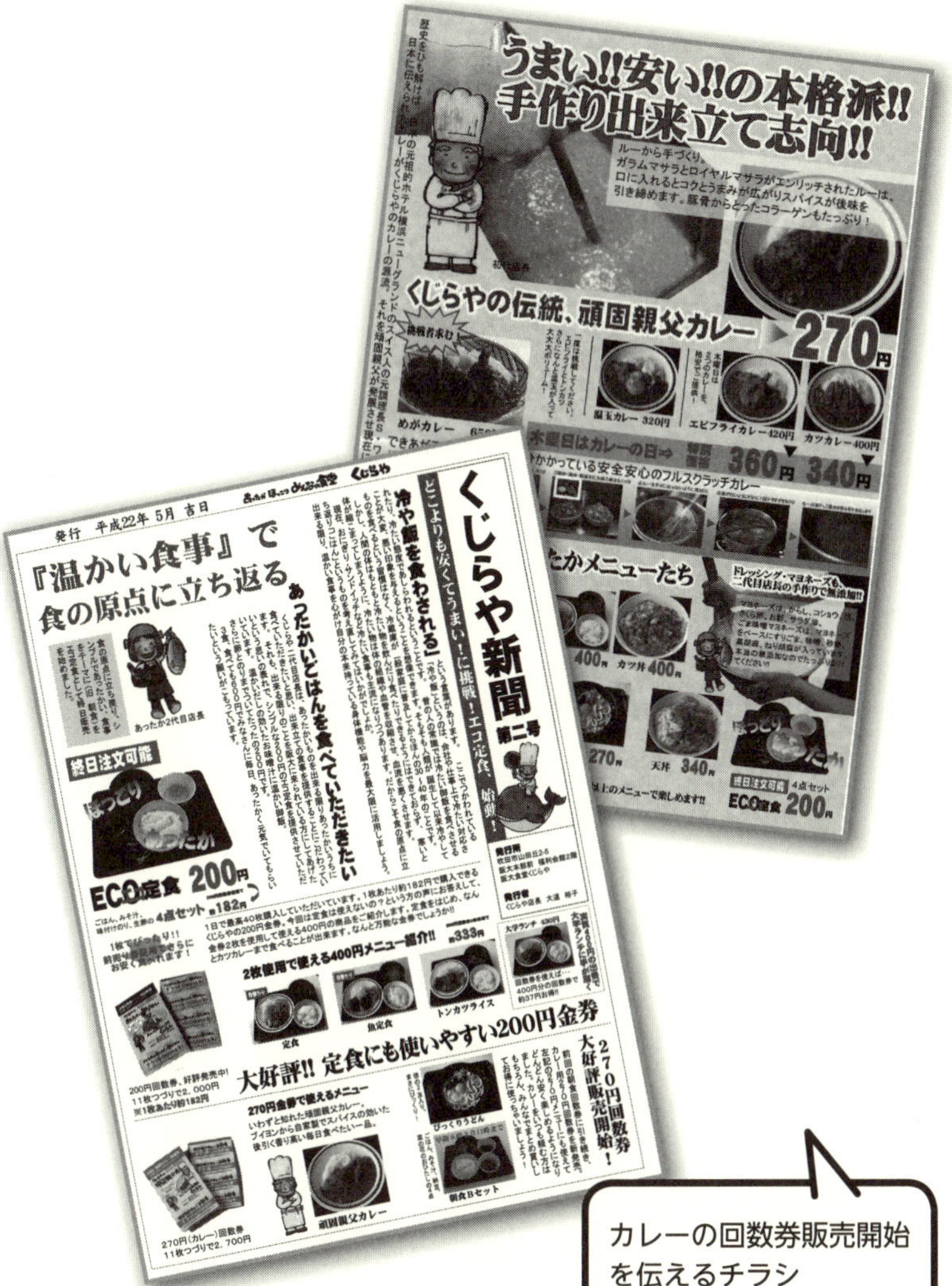

カレーの回数券販売開始を伝えるチラシ

5 自社新聞作成で何度でも訪問!!

訪問集客は、継続することで効果を高め維持することができます。しかし、チラシをその都度作るのは大変だという声もたくさんいただきます。

そんな場合に一番取り組みやすいチラシとは、新聞形式にして月1回、もしくは2ヶ月に1回のペースで発行することです。

構成だけ決めておけば、月々集めなければならない情報が決まるので、その分、内容をより発展させやすくなります。

海鮮居酒屋の例でいえば、旬のお魚情報や売れ筋ランキング、スタッフインタビューなど情報を入れたラフ（仮の構成）を作り、情報を集めていきます。最終的に新聞形式にまとめていきます。

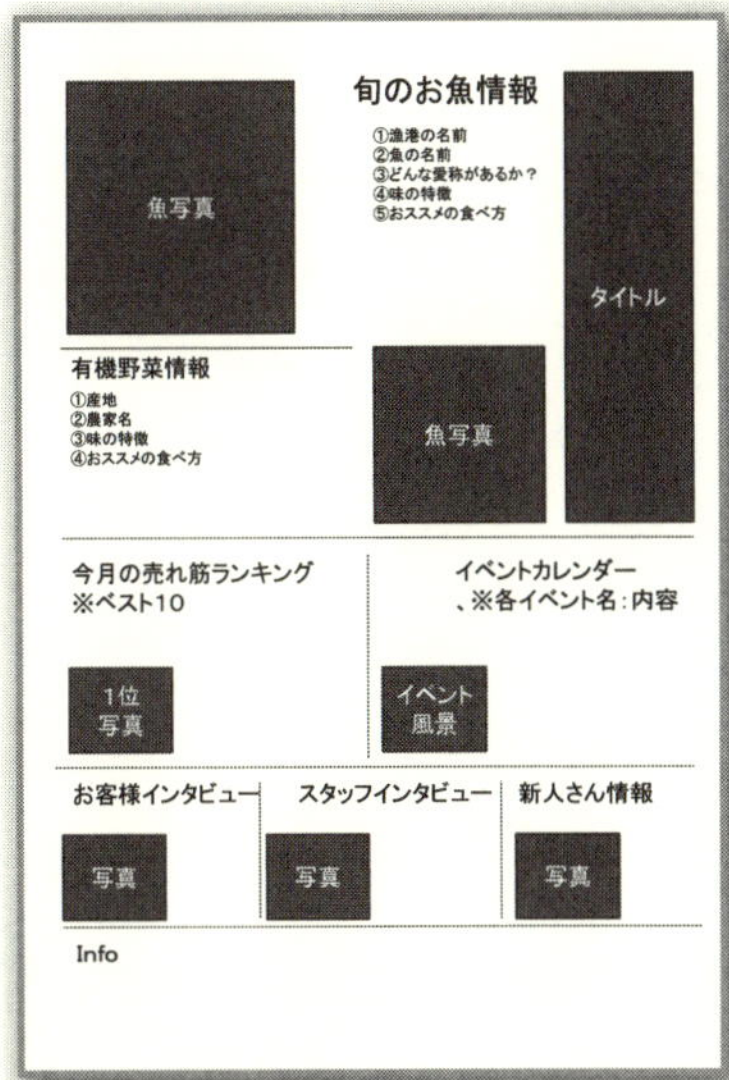

構成案（右）と新聞形式のチラシ（左）。文字ばかりにならずに写真を入れることが重要。考え方はチラシと同じで、料理の訴求ポイントを必ず入れること。このお店では旬の食材と料理ランキングで訴求しています。また、人の紹介を入れることで親しみが湧いて読んでもらいやすくなります。実際に訪問する人が載っているだけでも、会話のきっかけになります。

◉月一訪問を当たり前に

新聞形式のものを定期的に発行することによって、定期的な訪問が可能になります。毎回違った内容の情報量の多い新聞を配ることで、訪問する側も毎回新しい情報を持って行くことができます。

◉誰よりも商品に詳しくなる

この新聞形式チラシのいいところは、情報を集めて文章に起こしていくことで、誰よりも商品の伝え方が上手になる点です。接客時に「うんちく」をたんまりと話すことができるようになるので自信がつきますし、お客様からも喜ばれるようになります。

私の場合は、近隣企業を3回程度訪問した段階で新聞形式に切り替えていきます。

店の認知度が上がったところで、お店や商品の詳しい情報を伝える方向にシフトするわけです。

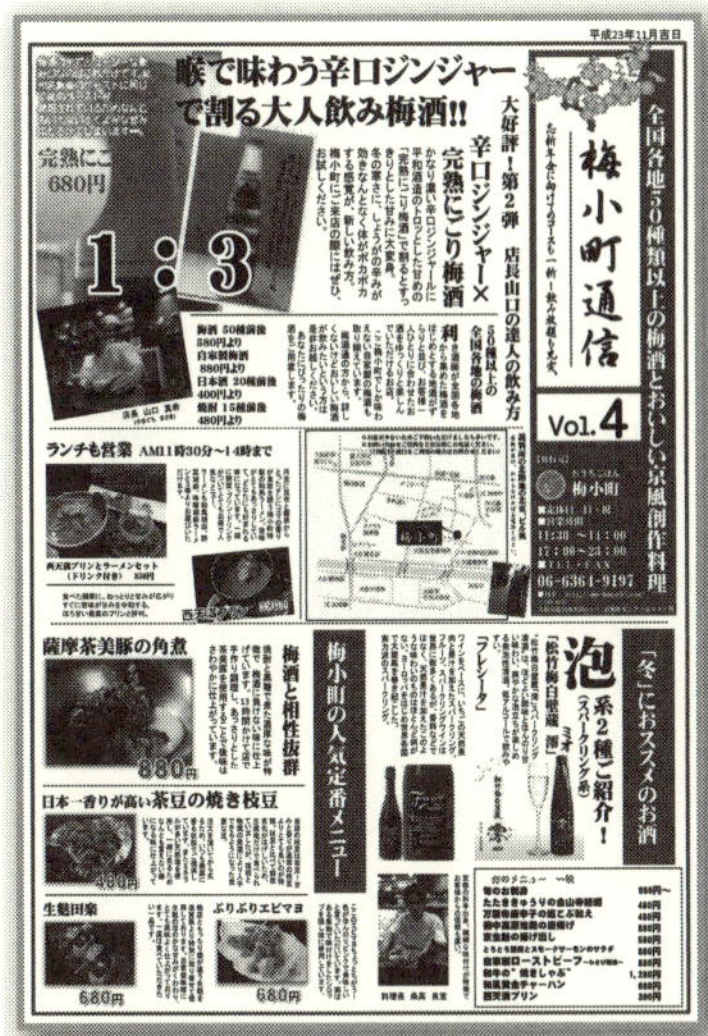
平成23年11月吉日
梅小町通信
全国各地50種類以上の梅酒とおいしい京風創作料理
Vol.4
喉で味わう辛口ジンジャーで割る大人飲み梅酒!!
大好評！第2弾　店長山口の達人の飲み方
辛口ジンジャー×完熟にごり梅酒
1：3
ランチも営業
薩摩茶美豚の角煮
梅酒と相性抜群
梅小町の人気定番メニュー
日本一香りが高い茶豆の焼き枝豆
生麩田楽
ぷりぷりエビマヨ
「冬」におススメのお酒
泡系2種ご紹介！
06-6361-9197

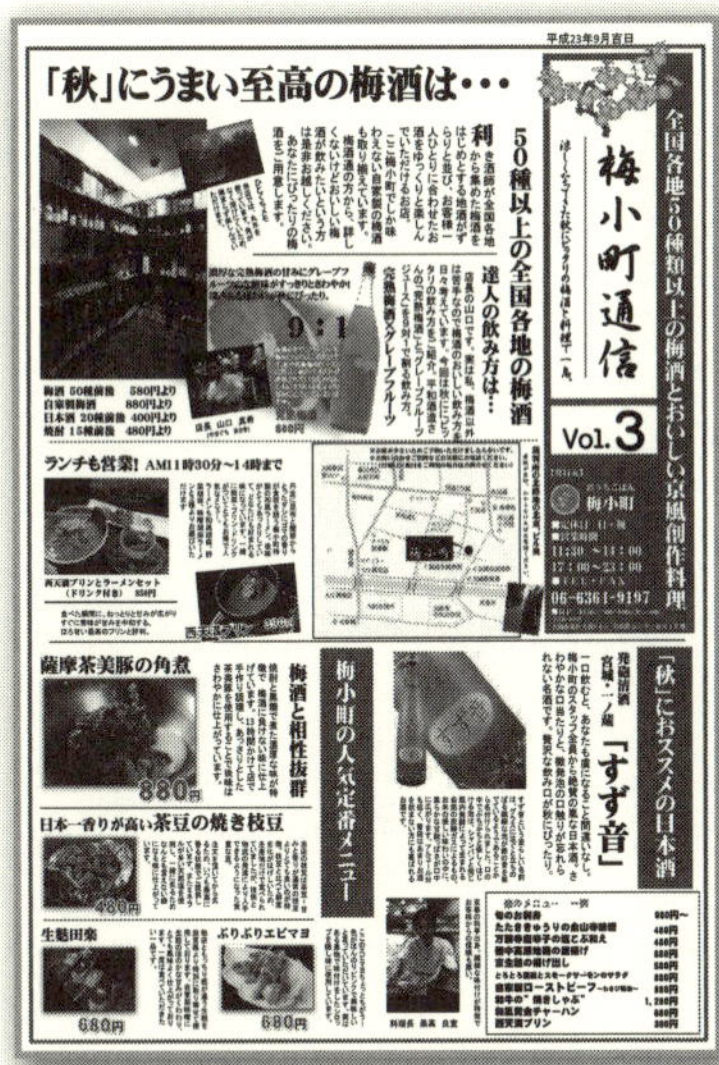
平成23年9月吉日
梅小町通信
全国各地50種類以上の梅酒とおいしい京風創作料理
Vol.3
「秋」にうまい至高の梅酒は・・・
50種以上の全国各地の梅酒
達人の飲み方は・・・
9：1
ランチも営業!
薩摩茶美豚の角煮
梅酒と相性抜群
梅小町の人気定番メニュー
日本一香りが高い茶豆の焼き枝豆
生麩田楽
ぷりぷりエビマヨ
「秋」におススメの日本酒
「すず音」
06-6361-9197

全国各地の梅酒が 50 種類以上ある創作居酒屋の新聞。大阪の裁判所のすぐ裏にあるため、裁判所関係のお客様の多い居酒屋です。
変わった梅酒が多数置いてあるので、梅酒の変わった飲み方を店長自ら定期的に紹介しています。またシーズンごとに店長が見つけてきたおいしいお酒も紹介しているので、毎回違った楽しみ方を訴求することができています。

6 チケット交換で取りこぼしなし!!

飲食店は、特に同業の多い業種です。訪問集客に取り組むのなら、同業者ライバルと考えるのではなく、うまく連携をとることを考えるのが得策です。

忘年会や定期的な飲み会は、どんな飲食店でも実施するところが多いので、でるだけ仲よくしたいものです。

飲食店だけでなく、カラオケ店や美容室など、同じように集客に困っている業種と関係を作っていけば、通常の宴会利用から年末の宴会まで集客することができます。こうしたお店の定休日はほとんどが平日ですから、一般のお客様を呼び込みづらい曜日に集客できるというメリットがあります。

とはいえ、同業者に「来てください」と営業に行くのは抵抗があるという方も少なくないでしょう。そんなときに考えていただきたいのは、相手の役に立てば断られることなく仲よくなれるということです。それがチケット交換です。この方法を使えば、美容室からショップ関係まですべてのお店を集客の対象にできます。特に、平日の集客数アップ・遅い時間帯を埋めることができます。

まずは地図に近隣のショップの印をつけて、訪問してみましょう。

◉飲食店なら「同業なので」

飲食店を訪問する場合、

「近くの居酒屋で大須賀屋といいます。3年ほどそこの角で営業させていただいていたのですが、ご挨拶がまだだったのでお伺いしました」

と、挨拶に来たというニュアンスで伺いましょう。

「クーポンチケットを持ってきたので、よかったら従業員の皆さんで使ってください。うちは天然もののお魚がおいしいので、よろしくお願いします」

と「従業員の皆さんで」ということをはっきり伝えましょう。

「私たちも落ち着いたらまた伺いますので、●●屋さんのところもチラシとかありましたらうちに置いときますよ！　どうせ、別のお店行くなら知っているお店がいいので……」

と相手のチラシやチケットも受け取ります。

時間ができたときに食べに行くと、競合店調査になって気づきもあります。

このように、相手のメリットになるように進めることで、お互いに助け合える関係を作っておきましょう。時間帯は、3時～5時の営業時間前がベストです。

◉カラオケ店・ショップ関係

ショップ関係も、飲食店と同様に相手のメリットになるように話を進めましょう。

営業後に伺うのは時間的に難しいので、昼過ぎから4時くらいの間で、できる限り、お客様の少ない時間帯を狙いましょう。

気をつけておきたいのは、こちらが話している途中にお客様が入ってくる場合があること。その時は、速やかに出ていくようにしましょう。入り口に常に気を配って、相手よりも早く気づくくらいの対応ができれば、一目置かれてよい関係が築けます。

地味な活動ですが、店長はじめスタッフ一人ひとりができることなので、まずは近くのお店から始めてみてください。また、ツールのチケットに関しては、名刺兼サービスチケットにしておけば一石二鳥で、挨拶とチケット配りが一度でできます。

7 名刺販促で自分を売る!!

「法人担当」という役職を作って窓口を明確にすると、法人単位の宴会予約が入るようになります。

お客様が店に予約を入れる際には、「電話に出るスタッフによって対応が変わるかもしれない」とどこかしら不安に思うものですが、名刺に顔写真と法人担当という冠があれば、「この人に聞けばわかりやすいだろう」という安心感を与えることができます。

「受付時間　10時～17時のご予約はこちらの番号まで」と直通の電話番号と受付時間を明記すれば、お客様は勤務時間中に電話できるわけですから、予約率がアップします。

法人担当名刺によって予約が増えるのは、新規のお客様だけではありません。名刺があることによって、「いいお店があるよ」と、お客様が別のお客様に紹介しやすくなるので、特に宴会のリピートが増えるのです。

具体的には、スタッフの名刺を「ただ名前を記載したもの」ではなく「販促カード」と捉えて、接客中や訪問集客、その他販促に活用するのです。ポイントは次のような点です。

①店舗名を冠に大きく掲載

②象徴となる商品を画像などで入れておく

例▼三ノ宮産直市場ではビールを集客商品に設定して安く提供しているので、写真入りで名刺にも入れてしまう。

③役職を作る（法人担当や宴会企画担当など、団体客向けのイメージが伝わるような役職にする）

④予約の電話を受けつける時間を明記しておく

⑤本人の笑顔の顔写真入りで安心感を与える

⑥本人の宴会に関するコメントを入れる

⑦裏面を「クーポン」にすることで、再来店が見込める

主な活用方法は、接客時や訪問集客時に配布すること。とにかく販促カードとしてばらまくイメージで、どんな状況でも活用できます。配布することで、自分目当てにまた来店してもらえる可能性が高まるのですから、スタッフのモチベーションも上がります。

「名刺の裏がクーポン」という、一石二鳥の法人用名刺。名刺がプチチラシになるように作りましょう。

8 チラシと連動した店内POP!!

店内ＰＯＰはどのお店でもいくつか活用していると思いますが、チラシとＰＯＰの内容はきちんと一致させているでしょうか？

チラシとＰＯＰが一致していれば、チラシを見て来店したお客様は「これこれっ！　チラシを見てこれが食べたいと思った」と、気になった商品がＰＯＰにそのままあることで「期待を裏切らないお店」という印象を受けます。また、食べている最中にＰＯＰに書かれたうんちくを読めば、さらに食べている商品がおいしく感じられます。

ＰＯＰとはいわば、チラシと店内をつなぐものなのです。

三ノ宮の海鮮居酒屋では、左のような漁師さんのＰＯＰを作成し、お造りの品質のよさを前面に出しています。

また、漁師さんの人柄が伝わるように、人間性にも焦点を当て特別な印象を与えています。私はまず、このＰＯＰを作ってからＰＯＰの内容をチラシに盛り込みました。このＰＯＰをチラシにすると、同じように漁師さんに焦点を当てたチラシができ上がります。

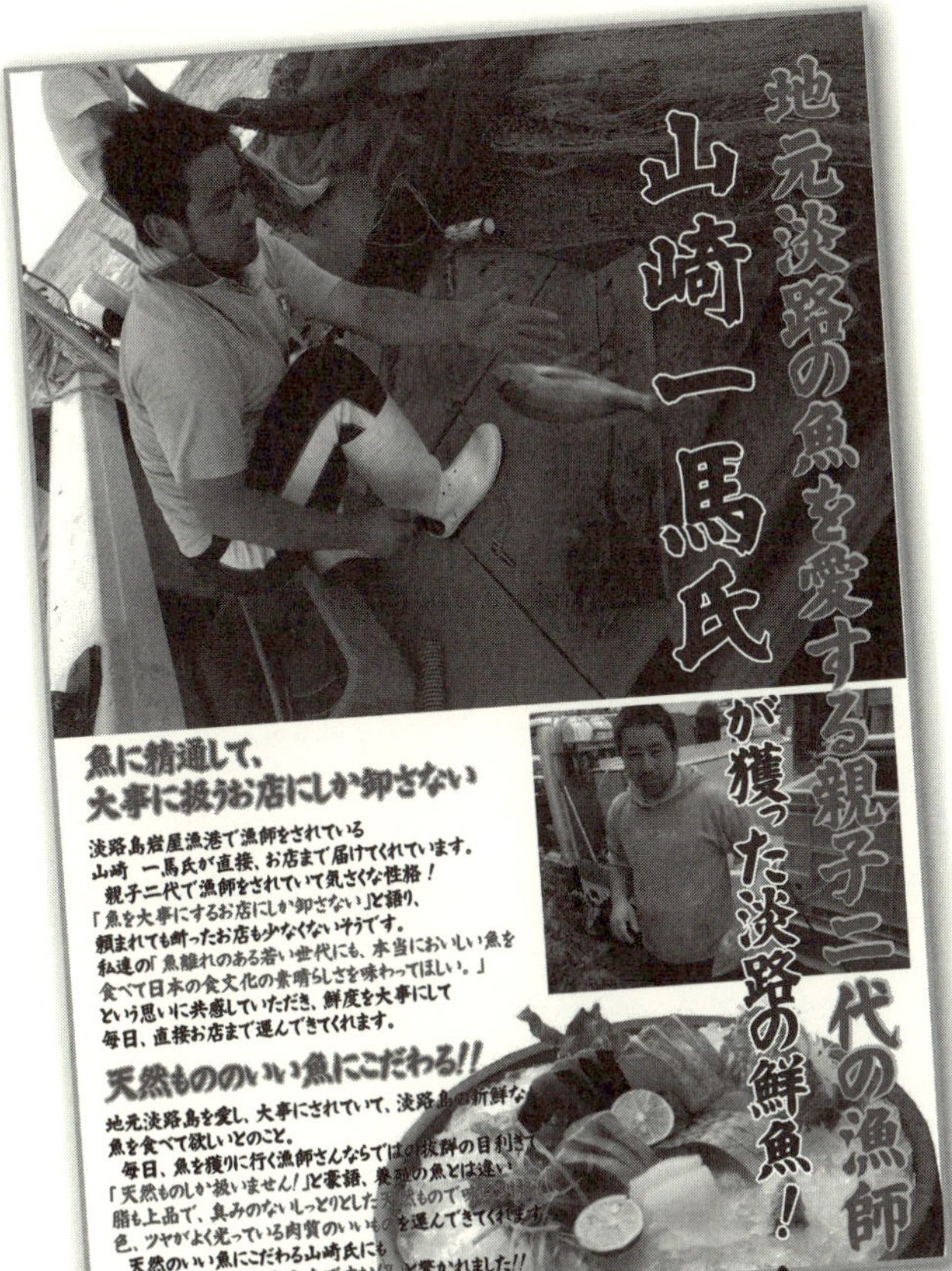
地元淡路の魚を愛する親子二代の漁師
山崎一馬氏
が獲った淡路の鮮魚！
魚に精通して、
大事に扱うお店にしか卸さない
淡路島岩屋漁港で漁師をされている
山崎　一馬氏が直接、お店まで届けてくれています。
親子二代で漁師をされていて気さくな性格！
「魚を大事にするお店にしか卸さない」と語り、
頼まれても断ったお店も少なくないそうです。
私達の「魚離れのある若い世代にも、本当においしい魚を
食べて日本の食文化の素晴らしさを味わってほしい。」
という思いに共感していただき、鮮度を大事にして
毎日、直接お店まで運んできてくれます。
天然もののいい魚にこだわる!!
地元淡路島を愛し、大事にされていて、淡路島の新鮮な
魚を食べて欲しいとのこと。
毎日、魚を獲りに行く漁師さんならではの抜群の目利きで
「天然ものしか扱いません！」と豪語、養殖の魚とは違い
脂も上品で、臭みのないしっとりとした天然もので
色、ツヤがよく光っている肉質のいいものを運んできてくれます。
天然のいい魚にこだわる山崎氏にも
「こんな値段で出して大丈夫ですか!?」と驚かれました!!

「魚屋さんがやっている居酒屋」のようだとお客様に言われるPOP。こうすることでお店に一貫性が生まれて、来店時に「そういえばこの料理が食べたくて来たんだったな」と思い出してくれます。チラシ・POPといった物言わぬ営業マンをうまく活用しましょう。

漁師さん直送の鮮度を謳ったＰＯＰ（右）と、同じように鮮度を打ち出したチラシ（左）。店内ＰＯＰとチラシで同じポイントを打ち出すことで、お店の強みを徹底的に印象づけています。

9 法人会員の仕組みを利用しよう!!

訪問集客に全スタッフで定期的に取り組んでいるお店では、必ずと言っていいほど、近隣企業の方限定で、法人会員という仕組みを作っています。

法人会員とは、来店時に「社名」を伝えるだけで、その会社に所属している方全員が特別な特典を利用できるものです。チラシを持ってくる必要がないので、気が向いたときにふらっと来店しても割安に利用できるという特徴があります。

訪問集客を実施する際に、法人会員になっていただけるようお勧めすると効果的です。お客様のメリットがはっきりしているので歓迎してもらえますし、団体利用の見込みもはっきりしてきます。

京都の海鮮居酒屋では1000社訪問して約250社の会員を得ることができました。なんと、4件に1件の入会率です。常連さんはほとんどが入会し、来店時に「今日も法人会員でよろしく！」と声をかけてくれます。許可を得て、会員企業名を店頭に貼り出しておけば、「うちも入れる？」とお客様から声をかけてくれるようになります。

法人会員申込書

特典をわかりやすく大きく訴求し、申込書をつけておく。来た人がほぼ全員頼むような通常来店用の特典をメインでひとつ、団体利用で飲み放題の特典と女性客用にデザートなどの特典を入れると、興味を持ってもらいやすい。

レジ前に貼り出す看板

20社程度集まった時点で、詰めてぎっしりと書き出す。店前で待っている人、会計時の待ち時間に目に留まるレジ付近に設置しておくと、会計時に話題に上りやすい。

付録 現場の「困った」を解決!! Q&A

Q1 次に回るまでにどれくらいあければいい?

目安としては同じ会社に月1回程度は訪問しましょう。会社の宴会は、多いところで月1回くらいの周期なので、1ヶ月経たないうちに訪問すると、同じチラシを持って同じ話をする、なんていうケースも出てきます。しかし訪問の期間が長引けば忘れられてしまいますし、こちらの記憶も薄くなってしまいます。月一の訪問を定期的に実施することでお客様も「いつもありがとうございます!」と覚えてくれ、お客様にとっても定番になり来店の頻度も上がります。近隣の反響の高い地域を重点的に攻めていきましょう。来店頻度が上がり、大きな宴会で使ってくれる確率が上がります。

Q2 どの辺りに訪問すべき会社があるのかわからない

自分の足で探し出すことが一番ですが、インターネットで地図検索をするのも便利な方法です。「google 地図」などのサイトで調べれば、大きな建物がどこにあるのかわかります。会社によっては名前が出ていることも多いので、社名が載っている建物は控えておきましょう。

もうひとつ。「〇〇ビル」と書いてある所は、テナントビルである可能性が高いので必ず訪問してみましょう。そのほか法人の建物が比較的多いのは次の地域です。

幹線道路沿い▼交通量の多い幹線道路沿いには、必ずさまざまな企業の店舗が並んでいます。新車販売店やパチンコ・スーパーやレンタルビデオ店などがあります。まずはそこから訪問してみましょう。

駅前▼駅周辺には、何かしら店舗や会社があります。

線路沿い▼駅から連なる線路沿いには工場などの施設があるほか、電鉄会社の支店もよく見かけます。他に会社がない場合は一度調べてみてください。

川沿い・旧道路沿い▼川沿いには、大きな工場が並んでいる地域があります。そのような地域には、今では交通量が少なくなった旧国道のような細めの道があって、周辺は同じように工場関係の施設が並んでいる可能性があります。

結局のところ人の集まるところは、ある程度密集しています。常連さんや訪問先のお客様から情報をもらうことで、どのあたりに人が集まるのかがわかってきます。今まで店を構えていた土地でも知らないことはたくさんあるので、どんどん知らない地域を訪問し、お客様を開拓していきましょう。

Q3 誰が訪問するのが効率的?

決定権があり、店の全体を把握している店長が直接訪問すれば、その場で予約をもらえることが多くなります。また、「わざわざ店長さんが来てくれた」と、喜んでもらえた結果、来店してくれるケースも数多くあります。まずは店長自身で訪問してみましょう。

Q4 店長が行けないので、誰かにやってもらいたい時は?

仕込みの準備や、業務の都合で店長が行けない場合は、訪問する人に「宴会企画担当」や「法人担当」などの肩書を与えましょう。お客様に「私たちの店の担当者」だとわかりやすいように伝えることができれば、信頼感が高まります。

専用の名刺を作って「私に連絡ください」とトークすれば、訪問者宛てに予約の電話が入るようになって、団体客受注に効果絶大です。

Q5 事前に準備することは？

いきなり訪問しても最初からうまく話せる方はいいのですが、何も考えずにいきなり訪問すると、何を話せばいいのかわからなくなってしまう方も少なくありません。2人一組で、お客さん役と、訪問者役に分かれてトークをチェックしましょう。これをするだけで、お客さんの前で言葉が出ないということは格段に少なくなります。

Q6 訪問にかける時間をあまり作れないのですが……

店舗にある名刺リストや、例年の団体客の顧客情報をリスト化して訪問すると、時間を短縮できます。次のような訪問ツールも役立ちます。

- **コースメニューパンフレット**

宴会の会場を探しているという方に、パンフレットを見せながら話をすると、スムーズに話を進めることができます

・予約帳

その場で予約がいただけるように、予約帳を持ち歩きましょう。お店の電話は自分の携帯に転送されるようにしておいて、常に電話の確認ができるように心がけましょう。

・サービスチケット

ワンドリンクチケットや団体客の予約特典などの特典を配ることで、下見に使っていただけるようになり、その後の通常来店も見込めます。

ツールに関しては、チラシに忘年会メニューや特典をひとまとめに掲載しておくと、配りやすく、話もしやすくなります。

また、宴会の予約を取る秘訣については左にまとめてあります。

団体客予約を取るための秘訣

団体客は、人数が多い分売上も大きいですが、幹事さんもプレッシャーで、できるだけいいところや信頼できる所に、ちょっとしたきっかけで別の店に移ってしまいます。

そのためにできる限りの条件を聞いて信頼できる人だと思わせることで、予約を取ることが最優先です。

① 去年は宴会どんなところで実施したのか
② 料理の希望とご予算
③ 人数・席の雰囲気
④ 日時
を順番に聴き
決められるところまで聞きましょう。

出来る限り仮予約を取るように意識して、
その場で予約帳をだし、日にちを押さえるようにもっていきましょう。
とはいっても、やはり相談して決めるという方が大半なので
しっかりと名刺をわたし、電話をかけてもらいやすくしておきましょう。
ある程度話が進めばチェックシートに記入し、
予約するタイミングに次回訪問することで確率が高くなります。

宴会ニーズのヒアリング

➡①去年は宴会どんなところで実施したのか

- ちなみにいつも忘年会の会場は決まってらっしゃいます？
- 去年はどこでされたんですか？

➡②料理の希望とご予算

- 去年は何の料理を食べられたのですか？ 食べたいものはありますか？
- おいくらのコースでした？

➡③人数・席の雰囲気

- されるとしたら何名様ぐらいで考えていますか？
- 個室のほうがいいですか？
- 何かご要望があれば、ご相談させていただきますよ

➡④日時

- 今年はいつごろ考えられてますか？
- ちなみに曜日は？
- ご予約はいつごろされるのですか？

自店の宴会のメリットを伝える

【動機付け】うちで宴会するとどう便利？

- 近くのお店でされるのですか？
- お酒は飲まれますか？

【品質訴求】看板メニューのおススメ!!

- うちのマグロのお造りは鮮度バツグンでとろっとしてほんとに美味しいです!!
- 5000 円のコースが新鮮なカニも付いてこのお値段で飲み放題付ですから一番お得ですよ

【決断訴求】今、ご予約するとお得、安心!!

- ○名様までなら個室をご用意できますよ
- 10 年以上○○沿いでやらせてもらってますので料理も安心して召し上がっていただけます。
- 必ずおなかいっぱいになります!!

【決断訴求】今、ご予約するとお得、安心!!

- 先着 10 組様までの限定のコースですので、
- この時期から予約が埋まってしまう可能性がありますのでとりあえずでも日にち抑えておきますよ。

おわりに　待っているだけではお客様は来ない

私が訪問集客を通じて学んだことは、ありきたりの手法にのっとって集客することではなく、自分の足で、体で集客することの大切さです。

訪問時に出会ったお客様一人ひとりが私を鍛えてくれ、私の「訪問集客」の中に生きています。自ら矢面に立って売ることにはつらい面も多いのですが、自分と向き合い、どのようにしてお店・商品とお客様をつなぐかという答えを教えてくれます。

単なる集客法ではなく、自ら訪問することで自分自身が成長することがすべてです。自分が成長できれば、また新たにお客様の役に立つことができます。

今、飲食店の置かれている状況はますます厳しくなり、「店を開けてさえいればお客様が来る」ということはあり得なくなりました。これまで以上に細かなニーズを感じとれるようになって、店舗のスタッフ一人ひとりがお客様から支持してもらえなければ、生き残るお店にはなれないでしょう。

そうした力をつけるのに、訪問集客は最適な方法です。単に訪問して数多くチラシを渡してくるだけではなく、お会いしたお客様一人ひとりの生活やお金に対する感覚をリアルに感じることができるからです。

お客様の言葉を受け止めて、質問し、切り返す――それによって、相手のより深い感情や、具体的に求めているものを捉えることができるようになるのです。

切り返すことの意義は、初対面の相手にも自分なりの仮説をぶつけて、瞬間で相手から学ぶ能力を鍛えることにあるのです。


お客様が来るお店は、いつもお客様のことを考えています。

お客様が来るお店は、来店されるお客様に対してありがたいと思っています。

お客様が来るお店は、お客様が来ないお店の苦悩を知っています。

お客様が来るお店は、このくらいでいいかという調整をせずに、常にお客様のために今できることをやりきっています。

お客様が来るお店は、お客様に対してのアクションを何かしら起こしています。

お客様が来るお店は、いつも攻めの姿勢です。

集客できなければ、お店は成り立ちません。

これが、私が今までおつき合いさせていただいた繁盛店から学んだ「お客様が来るお店」です。

自分の頭と体を使って集客するのが訪問集客です。

待っているだけでは、お客様は来ません。

自分から訪問してお客様と関わることで、どんどん自分を成長させ、幅広いお客様から支持されるお店を作っていきましょう。

最後に、出版にあたり多大なご支援をいただいた同文舘出版の竹並治子さま、ありがとうございます。また、社会での生き方を叩き込んでくださった経営コンサルティングアソシエーション宮内亨社長、宮内海さん、稲原聖也さん諸先輩方、さらに、ご支援先の皆様に、この場を借りて感謝申し上げます。

2012年2月

大須賀智

著者略歴

大須賀 智（おおすが さとし）

1982年3月17日生まれ。香川県出身。

桃山学院大学卒業後、有限会社経営コンサルティングアソシエーション入社。

入社後、徹底的にお客様の商品を自ら売ることから始め、現場を知り現場で売ることを学ぶ。

テレアポから飛び込み営業まで、あらゆる業種の新規集客を支援し、実績を積む。自ら作成したチラシを8万件以上の近隣客に配布し、集客効果の高いチラシ・販促物とその効果的な配布方法を研究した結果、確実に集客効果をあげる販促として「訪問集客」を確立。

飲食店向けの「訪問集客」を中心とした、他にはない唯一の売上アップの支援で、業績改善の成果をあげている。

【連絡先】
有限会社経営コンサルティングアソシエーション
〒530-0003 大阪市北区堂島2丁目2番23号　白雲ビル303
ＴＥＬ：06-6344-3636　ＦＡＸ：06-6344-7774
携帯：090-9776-7540　E-mail：osuga@association.co.jp

近隣客をドカンと集める！　訪問集客のコツ

平成24年 4月 9日　初版発行

著　者 ―― 大須賀智
発行者 ―― 中島治久

発行所 ―― 同文舘出版株式会社
東京都千代田区神田神保町1-41　〒101-0051
電話　営業03（3294）1801　編集03（3294）1802
振替00100-8-42935　http://www.dobunkan.co.jp

ISBN978-4-495-59751-1
印刷／製本：シナノ
Printed in Japan 2012